DIE LEGENDE VON ATLANTIS

Deutsche und englische Erstveröffentlichung 1995

Media agent	-	Multi-Media-Agency Postfach 43 A-6345 Kössen
Vertrieb	-	Sternentorverlag LTD Postfach 43 A-6345 Kössen BRD Fax: 08642 1300
Titelfoto	-	„Das Ankhkreuz von Elia"
Copyright by	-	ELIA THE PROPHET
ISBN	-	3-931695-00-X

INHALT

Vorwort — Seite 4

Einleitung der Herausgeber — Seite 8

Kapitel 1
Das Erbe von Agharta (Dem Garten Eden) — Seite 10

Kapitel 2
Die geheime Bruderschaft und das Erbe aus Atlantis — Seite 34

Kapitel 3
Die geheimen atlantischen Prophezeiungen der Apokalypse — Seite 132

Kapitel 4
Die Rückkehr der Lichtkinder von Atlantis — Seite 153

Kapitel 5
Die Schlacht des Harmageddon (Der Wahrheitsfindung) — Seite 185

Kapitel 6
Das neue Goldene Zeitalter und die neue Weltordnung — Seite 208

Kapitel 7
Meine Auferstehung — Seite 224

Nachwort — Seite 282

Danksagung — Seite 284

Glossar — Seite 285

VORWORT

Schon in meiner frühesten Jugend hatte ich Fragen, die ich mir stellte, die mir aber keiner beantworten konnte.

Warum wollen Menschen etwas erreichen, wenn sie doch am Ende sterben müssen?

Warum müssen alle Menschen für ihr Überleben arbeiten und Dinge tun, wozu sie meistens keine Lust haben?

Warum wird man - durch unser System - in Schulen gezwungen etwas zu lernen, was man danach nur zur Hälfte gebrauchen kann?

Warum versuchte mich meine ganze Umwelt an diese Welt, die sie sich geschaffen hatte, anzupassen, und mir ihre Erfahrungen aufzudrängen?

Was befähigt Menschen Kriege zu führen, wenn sich die Geschichte von Gewinner und Verlierer endlos wiederholt? Und was wäre der Sinn des Lebens, wenn es dort nicht einen geheimen Kreislauf geben würde?

Es waren endlose Fragen und schon bald vergaß ich sie, um die Scheinwelt und deren Gesellschaft zu akzeptieren. Erst viele Jahre später sollten mir diese Fragen beantwortet werden, jedoch nicht von außen, sondern von innen.
Ich erhielt alle meine Fragen beantwortet, und stieß auf den Mythos von Atlantis und deren geheimen Bruderschaften - *Shambhala* und *Agharta*.

Es sollte noch eine Weile dauern, bis ich alle Zusammenhänge von Atlantis bis zu unserer heutigen Gesellschaft und ihren geheimen Logen verstanden hatte.

Erst als mich der planetarische Geist erweckt hatte, und mich mit dem Abstieg in mein Unterbewußtsein als letzten Propheten ausgesucht hatte, verstand ich den Mythos der Menschheit.

Der planetarische Geist manifestierte sich in einem Weltenzeitalter als innerer Logos und ergoß sich in das geistige Zentrum von Shambhala im Inneren der Erde. Vor langer Zeit entstanden dort zwei Bruderschaften, die „weißen Buddhas" zur Linken und die „schwarzen Buddhas" zur Rechten.
Auf den alten tibetanischen „Tankas" (Wandmalereien) abgebildet, bringt „Maitreya" der Weltenlehrer, die höchste manifestierte Persönlichkeit des planetarischen Geistes, alles Positive und Negative im Kreislauf einer Menschheit hervor.

Der Bauplan der Menschheit ergießt sich aus dem geistigen Zentrum der Erde in den Geist unserer Gedanken. Die Gruppenseelen der jeweiligen Epochen fühlen sich dann von einer Bewegung angezogen. Das Entstehen von Gruppenkarma ermöglicht den Seelen die Fortentwicklung in den verschiedenen Geschichtsepochen.
Während eines Lernzyklusses der Menschheit kämpfen die weißen und schwarzen Kräfte *Shambhala* und *Aghartie* gegeneinander.
Jetzt aber ist ein Zyklus der Menschheit zu Ende und die Meister von *Shambhala* und *Aghartie* treten wieder zusammen und werden durch die dritte Kraft geführt - dem planetarischen Geist der großen Seele.

Shambhala und Agharta sind wieder eins

DER VERFASSER

Alpha

Agharta

Ich

Die Brud

Omega

Shambhala

EINLEITUNG

Das Erwachen des „Phönix" (der Geist der Erde) steht unmittelbar bevor. Der „planetarische Geist" erweckt vorab Menschen aus allen Gesellschaftsschichten und aus allen Nationen, um sie als Zeugen für die Endzeit zu berufen, um die großen *gesellschaftlichen Veränderungen*, die *Erdveränderungen* und die *Bewußtseinsveränderungen* anzukündigen.
Diese spirituellen Medien bezeugen die Endzeit des alten Evolutionszyklusses.

ELIAH IST DER LETZTE PROPHET...

angekündigt schon von „Christus" für die *Endzeit*, um die Menschen auf das zweite Kommen des „Christus-Geistes" vorzubereiten.

Die „LEGENDE VON ATLANTIS" beschreibt die Geschichte der Menschheit als planetarische „Schwangerschaft" der atlantischen Wurzelrassen einen Zeitzyklus, in dem die menschlichen Seelen durch einen Reinkarnationszyklus ihre Weiterentwicklung angestrebt haben.
Eingeweihte *Geheimorden* mit dem Wissen aus Atlantis und *Außerirdische* haben an der geistigen Erziehung im Verborgenen mitgewirkt.

Das Buch hält für jeden einzelnen einen Bewußtseinsschlüssel, um mit der Christus-Energie, des Schlüssels zum Ewigen Leben, in Berührung zu kommen.

NICHTS kann einem Menschen oder der Menschheit als Ganzes geschehen, was „*nicht*" im „Plane Gottes" enthalten ist.

Jedoch kann niemand außer die „Gnade selbst" den Plan Gottes verändern. *So geschieht, was geschehen muß.*

Der Mensch will immer die positive oder negative Zukunft verändern.
Der heilige oder vollendete Mensch akzeptiert was „IST".

                ELIAH THE LAST PROPHET

Kapitel 1

DAS ERBE VON AGHARTA
(Dem Garten Eden)

Einst kamen die Raumbrüder auf diese Erde und besiedelten das Innere dieses Planeten unter der geistigen Führung der Meister der Weisheit, die mit den geistigen Welten, den Baumeistern der Welten, in Verbindung standen.
Ihr Auftrag war, die äußere Planetenhülle in eine Schwangerschaft zu versetzen, damit sich höheres, biologisches Leben hier auf der Erde entwickeln konnte und sich dort die Seelen, die den Planeten *Malona* (Luzifer), zwischen *Jupiter* und *Mars*, durch eine atomare Explosion zerstört hatten, von neuem reinkarnieren konnten.

Für die hochschwingenden Supralichtmateriekörper der vollendeten Menschen waren die Schöpfungsgeheimnisse der göttlichen Hierarchie kein Geheimnis. Die Raumbrüder wußten, daß ein Planet einen inneren Logos enthält, aus deren Bewußtsein sich verschiedene Gruppenseelen zur Menschwerdung zu verschiedenen Zeiten inkarnieren.
Je nach Entwicklungszustand eines jeweiligen Zeitalters verkörpern sich menschliche Seelen, um ihre Entwicklung fortzusetzen. Sie wählen ganz spezielle Erfahrungen in tausenden von Inkarnationen, bis sie ihre Vollendung im Menschsein erreicht haben.

Die Raumbrüder bauten zuerst die Städte im Innern der Erde. Der „Garten Eden" (Agharta) entstand und viele Mitarbeiter der galaktischen Konföderation meldeten sich freiwillig für diesen Planeten.
Alle Hautfarben und humanoiden Menschenrassen haben ihr genetisches Material, Pflanzenarten sowie Tierarten hierhergebracht, um diese biologische Genesis einzuleiten.
Im Schöpfungsplan des „kosmischen Vaters" war diese Erde als geeignetes lebendes Raumplanetarium vorgesehen, einen universellen Humanoiden zu erschaffen, der alle kosmischen Polaritäten und verschiedene Klimazonen in einem Planetarium überwindet.

Bis zu diesem Zeitpunkt gab es die verschiedensten nicht-humanoiden Rassen in der Entwicklung der Seelen. Der Unterschied war so groß, daß die Seelen große Schwierigkeiten hatten, in den Körpern auf anderen Sternensystemen zu reinkarnieren.
Also beschloß die kosmische Absicht eine neue Schöpfungsexperimentalzone, die in der Synthese alle Seelen in einem universellen Körper wieder zusammenfaßte.

Die galaktische Konföderation und deren ausführendes Organ, der *„Melchisidek Orden"*, die Raumbrüder des Lichts, kamen auf die Erde, um einen neuen Menschentypen und eine planetarische Schwangerschaft einzuleiten. Sie schufen den Menschen nach ihrem Ebenbild und halfen, ihn genetisch zu verbessern.
Alles verlief planmäßig, bis zum Fall der Engel. Die reinkarnierten Tiermenschen wurden durch gezielte genetische Eingriffe in einem kurzen Zeitraum zu guten Körpern entwickelt.
Die Körper der Schöpfungen wurden in kürzester Zeit so perfekt, daß sich schon höhere Seelen, auch von dem Planeten *Malona* (Luzifer), der *Venus* und dem *Mars*, die in früheren Zeiten Inkarnations- und Schöpfungszyklen durchlaufen hatten, jetzt für ihre Vollendung auf der Erde inkarnieren konnten.
Von nun an lebten zwei Menschheiten auf dem Planetarium Erde, die echten unsterblichen, physisch-ätherischen im Innern der Erde, die die Schöpfung und deren Evolution überwachten und die sterblichen Schöpfungen, die sich durch Reinkarnation (die sich Reinigenden) zum Menschsein entwickeln.

DER FALL DER ENGEL

Alles lief wie vorgesehen, der Mensch brachte Zivilisationen hervor. Sie kamen und gingen und verschiedene Gruppenseelen machten in diesen Zivilisationen ihre Erfahrungen.

Eines Tages jedoch kam es bei einigen Evolutionswächtern, auch Engel genannt, zu einer scheinbaren Eigenmächtigkeit. Sie sahen, wie schön ihre Schöpfungen geworden waren. Einige dieser Außerirdischen waren durch die Schönheit der irdischen Frauen versucht. Die irdischen Könige brachten den Göttern diese Frauen als Geschenk. Darunter waren die schönsten Frauen und Töchter der Könige, und einige der Abgesandten der Konföderation erlagen dieser Versuchung.

Die Außerirdischen zeugten physisch mit den noch reinkarnierten Geschöpfen Kinder. Das war das einzige Verbot der „*Elohim*" und sie mußten von nun an ihren Status der Unparteilichkeit, ihre Unsterblichkeit, aufgeben. Sie wurden aus dem Innern der Erde, dem „Garten Eden" (Agharta) vertrieben.
Von nun an fiel ihre ewige Jugend (sie waren androgyn) in die Zeit. Der innere, geschlossene Kosmos eines vollendeten Menschen, durch die Vereinigung der Seele und der Persönlichkeit des Körpers, erlag einer Trennung. Sie waren dadurch zum Abstieg in eine erneute Menschwerdung verbannt.

Anfangs wurden die gefallenen Götter noch mehrere tausend Jahre, später, nach Atlantis, nur noch mehrere hundert Jahre alt. Methusalem erreichte noch ein Alter von 960 Jahren.

Einen Trost jedoch hatten diese Halbgötter. Sie hatten paranormale Fähigkeiten, die dem normalen Menschen weit voraus waren. Durch ihre noch höher schwingenden Chakras und Energiezentren im physischen Körper konnten sie ihre fünf höheren Sinne noch gebrauchen.
Sie waren hellsichtig, hellhörig, hellfühlend, helltastend und hellriechend. Sie hatten noch die Begabung des Magnetismus, mit dem sie Menschen heilen konnten. Ihr Wissen über höhere Technologie schlummerte in ihrem Unterbewußtsein. Ihre außersinnlichen Begabungen machten sie zu den spirituellen Führern der äußeren Welt.
Die Propheten, Hohenpriester und Magier aller Zeiten waren die im Abstieg befindlichen Seelen der Götter. Das jedoch war im Plan des Schöpfers enthalten und diese Seelen haben einen freiwilligen Opfergang für die heranwachsende Menschheit gebracht, um ihnen ein Licht auf ihrem Weg zur Menschwerdung und zu ihrem göttlichen Vater zu sein.

Einst gab es eine Hochkultur auf Erden, deren Menschen all die Schöpfungsgeheimnisse kannten, weil sie vergeistigt waren. Sie erhielten alle Geheimnisse der Schöpfung offenbart, weil sie im Einklang mit deren Gesetzmäßigkeiten lebten.
Wenn Menschen beginnen, in Ganzheit und im Einklang mit dem Plan der Seele und ihrem Geist zu leben, eröffnet diese Wahl die Pforten zu einer höheren Wahrnehmung und der Allgeist schenkt in Form von innerer Inspiration die Wahrheiten des Lebens. Globale Erleuchtung ist dann das Ergebnis und eine Zivilisation steigt auf.

In Atlantis lebte die 4. Wurzelrasse. Sie hatte den Höhepunkt ihrer Entwicklung erreicht. Sie hatte der Natur durch mediale Wissenschaftler das Geheimnis der universellen Energie entnommen.

In dieser Zeit arbeiteten Wissenschaftler und mediale Meister zusammen, um harmonische Technologien aus dem geistigen Speicher der universellen Akashachronik zu heben. Es waren über lange Zeit Macht und Liebe geeint. Der Mensch hatte kein von seinem höheren Selbst abgespaltenes Ego. Die Menschheit erlebte eine Hochblüte in allen Wissenschaften und der Raumfahrt. Fast alle Krankheiten waren heilbar und es gab Menschen, die sehr viel älter wurden als wir.
Es gab Kontakte zu anderen Planeten und außerirdischen, menschlichen und geistigen Lebewesen. Die damalige Menschheit hatte die globale Erkenntnis, daß der Planet ein biologisches Lebewesen ist, daß er ein Körper ist und die Menschen Zellen in diesem Körper sind.
Sie kannten kein Eigentum, keinen Egoismus und sie hielten ihren planetarischen Körper - die Erde - sauber, denn sie wußten, daß sie nur eine gemeinsame Erde haben, die sie weder verkaufen, noch aufteilen, noch ihr Wasser, die Luft, noch Rohstoffe vermarkten durften. Und trotzdem hatte jeder alles, was er nach seinen Bedürfnissen brauchte. Es gab kein Klassendenken und nicht einige Reiche und viele Arme. Sie schenkten sich einander und lebten so in einem Überfluß. Die gelebten, kosmischen Gesetzmäßigkeiten der Brüderlichkeit ersetzten die mit Dogmen besetzten Religionen und Gesetze. Sie kannten in dem Sinne keine Arbeit. Sie trugen mit ihren persönlichen Leistungen in Freude der Gemeinschaft bei und jeder wurde nach seinen Talenten gefördert.

Das Verständnis über die geistigen inneren Welten und die materiellen äußeren Welten erlaubte den „Archetypen" - *den aufgestiegenen Meistern der Weisheit* - unter den Menschen zu leben und sie über die großen Mysterien und Einweihungsschritte im Tempel zu unterrichten.
Die Einfachheit des universellen Wissens über die fünf Elemente, Erde, Feuer, Wasser, Luft und kosmischer Äther, gab die Grundlage für eine globale Versorgung.

Die Menschen wußten noch, daß sie ein Teil Gottes auf Erden waren, daß es gar nichts - getrennt von Gott - geben kann. Sie waren sich aber bewußt, da sie ein Teil des sich im Laufe der Millionen von Jahren materialisierten Schöpfungsgeistes waren, daß allmächtige Kräfte in ihnen schlummern mußten, die darauf warteten, erweckt zu werden. Sie wurden in Mysterienschulen Schritt für Schritt in ein „Gott-Mensch-Bewußtsein" emporgehoben - *keiner betete zu einem von sich getrennten Gott.*
Sie wußten noch, daß sie die herabgestiegenen Engel waren, die in die Schule des Lebens gehen und so oft geboren werden, bis sie alle nur erdenklichen Erfahrungen gemeistert und durchlebt hatten. Bis zu dem Zeitpunkt, an dem sie wieder in höhere Dimensionen des Bewußtseins aufsteigen werden.

Die Meister der Weisheit kannten das Geheimnis des sich ausdehnenden und zusammenziehenden zyklischen Kosmos. In den indischen „Veden" wurde es beschrieben als das *Ein- und Ausatmen* Gottes.
Der sich aus der Quelle ausdehnende Kosmos wurde Omega-Zyklus genannt, denn alles entfernte sich von der Quelle. Um so weiter die Milchstraße und ihre Sonnen von der Quelle entfernt wanderte, um so geringer wurde die Verbindung zu ihrer geistigen Quelle, aus der alles hervorgegangen ist. Das bedeutet, daß alles Leben in einem geistigen Fall oder Abstieg in niedrigere Dimensionen vonstatten geht bis in die 3. Dimension des dichten, materiellen Universums.

Atlantis und deren Menschheit waren noch in der 4. Dimension verankert. Die Meister der Weisheit wußten, daß am Höhepunkt dieser Zivilisation der kosmisch, zyklische Plan vorgesehen hatte, daß die Seelen noch eine Dimension tiefer steigen mußten, um zu erfahren, wie es ist, ganz seinen göttlichen Ursprung zu vergessen und das sogenannte „Dunkle Zeitalter" zu durchleben.

Bis zu diesem Zeitpunkt durchlebten die Menschen ein durch göttliche Führung angeschlossenes Matriarchat. Das „Dunkle Zeitalter" war die Geburt des Patriarchats, des menschlich eigenen Willens - *die Geburt des Egos.*

Die 3. Dimension wurde durch einen Polsprung eingeleitet. Das magnetische Gitternetz der Erde wurde verletzt und ganze Kontinente versanken in einer riesigen Katastrophe im Meer.
Bevor das jedoch geschah, brachten die Meister der Weisheit das Wissen der damaligen Menschheit in den Pyramiden in Sicherheit.
Sie konservierten nicht Schriftstücke, sondern bauten die Pyramiden mit mathematischer Genauigkeit in einer universellen Sprache, die erst entschlüsselt werden kann, wenn die Menschheit den Zyklus der 3. Dimension verläßt und zurück in die 4. Dimension und dann in die 5. Dimension kehrt.

Die Meister warnten die Auserwählten vor der großen Katastrophe und schickten die Schüler und Erwählten in andere, sichere Länder, um der Menschheit ein Licht auf der Reise des Vergessens zu sein.
So finden wir noch heute Artefakte und Zeugnisse dieser unvorstellbaren Zivilisation und ihr geistiges Wissen in den Mythen alter Völker.
Sie prophezeiten, daß sie erst wiederkehren würden, wenn die Menschheit das „Dunkle Zeitalter" durchlebt hat.
Wenn Liebe, Weisheit und Macht wieder vereint sein werden, kehren sie wieder, um neue Schulen der Weisheit zu errichten.

Auch die Außerirdischen mit ihrem höheren Bewußtsein konnten während dieser tiefsten Phase nur als Beobachter und Wächter der Evolution aktiv sein. Sie verließen zum Teil den Planeten und gingen zu ihren Planeten, wie die innere Venus und die Plejaden, zurück. Ein Teil von ihnen zog sich zurück in unterirdische Städte, in die innere Dimension der hohlen

Erde, die *Shambhala, Eden, Aghartie* und andere Namen hatten. Der äußere Planet wurde durch den Polsprung negativ polarisiert. So wurden die innere Welt Agharta, was soviel wie „Garten Eden" bedeutet, von den äußeren Welten getrennt. Der äußere Mensch wurde symbolisch gesehen aus dem Paradies vertrieben. Sie versiegelten die Eingänge zu den goldenen Städten mit Zeit-, Bewußtseins- und Gravitationsschranken.

DIE BRUDERSCHAFT VON ATLANTIS

Als Atlantis auf seinem Höhepunkt war, gab es ehrgeizige Wissenschaftler, die der Natur die letzten Geheimnisse entreißen wollten. Sie forschten an der Beherrschung des Gravitationsnetzes, wie heute die geheimen Forschungsobjekte der Regierungen an der Beherrschung aller materiellen Strukturen arbeiten.
Sie erforschten die Elektrogravitation, die Verdichtung der Materie durch Ton und Licht. Sie bauten Transmitter für Zeitstudien durch riesige Kristalle, die auf geomantischen Kraftplätzen für Feldüberschneidungen genutzt wurden. Pyramidenstrukturen wurden für die Kommunikation mit höheren Welten benutzt. Sie suchten auf wissenschaftlicher Basis nach dem Urton, aus dem alles hervorgegangen war.

All das war im Plane der Schöpfung enthalten, bis diese Zivilisation ihren Höhepunkt in der Suche im Außen erreicht hatte. Dann jedoch trat Atlantis in eine gefährliche Zeit ein. Bis zu diesem Zeitpunkt waren Wissenschaftler und Hohepriester eins.
Nur ein gottgeweihter Mensch, der mit dem Herzen denkt und mit dem Kopf fühlt, war berechtigt, die Geheimnisse der Schöpfung zu offenbaren. Ein solcher wissenschaftlicher

Hohepriester war in der Führung Gottes und der höheren, geistigen Hierarchie und in der Harmonie mit seinen Schöpfungen. Er hatte nie etwas getan, um durch Machtansprüche Menschenleben zu gefährden.

Doch dann tauchte auf der Erde ein neues „Dunkles Zeitalter" auf. Es traten Menschen hervor, Schüler der Meister, die noch nicht vollendet eingeweiht waren und experimentierten, ohne Zustimmung des Heiligen Rates, der sieben Weisen, und forschten an dem Urton weiter. Damit war der Untergang von Atlantis besiegelt.

Das abgespaltene Denken ohne geistige Führung, ohne Intuition aus dem Herzen nach Eigenwillen und Macht zu gebrauchen, spaltete Wissenschaft und Priester und eine vorprogrammierte Katastrophe trat ein.

Der Rat der *Sieben Weisen*, der physisch zu dieser Zeit noch auf Erden weilte, zog sich zurück und warnte die von Gott Erwählten und schickte sie in verschiedene andere Kontinente, um eine Nachkommenschaft der Menschheit zu sichern.

Nach der Katastrophe waren die Völker versprengt und auch das Wissen wurde geteilt, wie die Sprachen und Sitten. Alles bewegte sich in die Polarität und in die Aufspaltung.

Mit dem „Dunklen Zeitalter" begann der Abstiegszyklus in die immer tiefere Abspaltung der Individuation des Getrenntseins.

Die „Dunkle Bruderschaft" trat zum erstenmal in Erscheinung. Bis zu diesem Zeitpunkt war alles Wissen Allgemeingut und es gab keine wissende Elite und kein dummgehaltenes Volk. Es gab keine Herrscher und Beherrschten, keine Staatsführung und Geführten. Die meisten geistigen Führer der äußeren Welt fielen genauso in die Polarität, wie die weltlichen Führer. Die nun selbsternannten Führer hatten ihre eigenen Stadtstaaten und ließen sich wegen ihres zurückgehaltenen Wissens mehr und mehr als Anführer anbeten und bezollen.

Die Bruderschaft aus Atlantis sorgte dafür, daß das Wissen in zwei Teile gespalten wurde, das *exoterische* Wissen, das jedem zugänglich war und das *esoterische* Geheimwissen, das nur den Eingeweihten dieser Bruderschaft zugänglich war. Der Spruch: *„Wissen ist Macht über andere"* kommt noch aus dieser Zeit. Als das Wissen dem Volk vorenthalten wurde, begann der Abstieg in die geistige Umnachtung.

Unter den Führern der Bruderschaften kam es zu Machtkämpfen und Auseinandersetzungen. Das führte dazu, daß die Wissenschaften zur Entwicklung von Waffen herangezogen wurden, erst nur aus Angst vor Entmachtung, weil man sich verbal nicht mehr einigen konnte.
Es wurden Verteidigungswaffen entwickelt, die später als Angriffswaffen benutzt wurden. Die Mächtigen begannen sich zu bespitzeln und errichteten die ersten Geheimdienste um ihren Gegnern zuvorzukommen. So hielt sich die Tradition bis zum heutigen Tag, daß die Geheimdienste nicht nur den staatlichen Führern dienen, sondern auch den bis ins heutige verzweigte Logentum.

So erreichte Atlantis die Zeit seines Untergangs, der in mehreren Abstiegszyklen seinen Höhepunkt fand.
Einer dieser Höhepunkte war, als wieder einmal ein Streit war um absolute Herrschaft zu erlangen, eine ultimative Waffe erzeugt wurde - eine Gravitationsbombe - um die Städte der sich jetzt bekämpfenden Priesternadeln auszulöschen. Zu jener Zeit herrschten mehrere große Städte, bis es zum letzten großen Schlag kam, z. B. URD, auf der Ebene der Taklamankan-Wüste zwischen Tibet und China, Poseydon und Metropolis auf dem Meeresgrund.
Die goldenen Städte am „Titicacasee" sowie das Reich „Thule" im hohen Norden und viele andere, geheimnisvolle verlorengegangene Städte, die heute noch in unseren Legenden herumgeistern, stammen aus dieser Zeit. In einem

Zeitraum von ca. 30.000 Jahren bekämpften sich diese Städte bis hin zum Atomkrieg. Dann jedoch wurde der Urton erzeugt und das Gravitationsnetz, der magnetische Pol der Erde, ruckartig verschoben.
Ein Polsprung hatte die Folge, daß die Kontinentplatten zerbarsten und die Wasserfluten fast alle Städte dieser Hochzivilisation wegspülten. Ein Teil des atlantischen Geheimwissens wurde von Überlebenden nach Ägypten gebracht, ein anderer Teil nach Tibet und Indien.
Die ersten Pharaonen waren die direkten Nachkommen der Atlanter und ihre geheimen Einweihungsschriften wurden im ägyptischen Königshaus vererbt.
So war es kein Wunder, daß atlantische Hochtechnologie zum Bau der Pyramiden und der Bundeslade und vielem mehr führte. Ein Teil der Bruderschaft der Atlanter hatte also mit ihren Traditionen in Ägypten überlebt und die Hermetiker und ihr geheimes Wissen ging direkt daraus hervor. Sie bedienten sich uralter versteckter Aufzeichnungen und Archiven aus Atlantis.
Echnaton, Hermes, Trimegistos, Abraham, Pythagoras, alle hatten sie ein Geheimnis.

Die Bruderschaft der Schlange

Als die Erde in die 3. Dimension abstieg und der „planetarische Logos" (die Seele der Erde) in einen neuen Erfahrungszyklus überging, erreichten die Menschen ihren Höhepunkt im polaren Bewußtsein.
Der Zyklus der Gegensätze und des Getrenntseins erreichte bis in unsere Tage seinen Höhepunkt. Man könnte sagen, als Atlantis mit seinem Hauptkontinent unterging, stieg die Erde aus der 5. und 4. Dimension in die dreidimensionale, materielle Struktur.
Mit diesem Abstieg in die 3. Dimension, verlor die übriggebliebene Menschheit die Bewußtheit der Einheit aller Dinge. Polares Bewußtsein nahm seinen Anfang und immer mehr Gegensätzlichkeit kam im Bewußtsein und im Handeln der Menschen hervor. Das ging soweit, daß die Priesterkasten ihre Wahrheiten dogmatisch verteidigten. Es entstanden zwei große Bruderschaften auf Erden, die von *Shambhala* und *Aghartie* beeinflußt wurden. Zusammen bezeichnet man sie als die *„Bruderschaft der Schlange"*.

„Shambhala" war der Sitz der Evokation der Meister der Weisheit. *„Aghartie"* war der Sitz der Invokation der Meister der Weisheit. Zusammen verkörpern sie die universelle Polarität der Gegensätze.
Beide Bruderschaften in der äußeren Welt hielten natürlich die anderen für die schwarze Bruderschaft, also die schwarzen Magier. Der Kampf der Polaritäten dieser Bruderschaften nahm vor unvorstellbar langer Zeit seinen Anfang und erreichte mit dem zweiten Weltkrieg seinen Höhepunkt.
Die zwei Pole, *Sonne* (Illuminaten) und *Mond* (Luminaren) stehen sich hier gegenüber und ringen um die Herrschaft, jedoch kann nie einer gewinnen. Sie können nur die Polarität überwinden.

Die Menschheit wurde von diesen beiden gegensätzlichen Orten der Weisheit beeinflußt. Alle wirklichen Herrschaftshäuser wurden von Agenten dieser Städte aufgesucht und in den Evolutionsplan der Menschheit begrenzt eingeweiht.

Vor unvorstellbar langer Zeit teilte sie sich die Bruderschaft in den „Gelben Drachen" und in den „Roten Drachen". Zusammen stellten sie die *Bruderschaft der Schlange* dar. Beide Bruderschaften unternahmen, unter Führung der Außerirdischen, die geistige Erziehung der Menschheit. Der *„Gelbe Drachen"* im Osten und der
„Rote Drachen" im Westen. Vereinzelt finden wir noch in Tibet die „Gelbmützen-Orden" und die „Rotmützen-Orden" und ihre verstreuten Klöster, die direkt daraus hervorgegangen sind.

Die geistigen Krieger von „Shambhala" und „Aghartie" prophezeiten, daß sie am Ende des Abstiegszyklus, wenn sich die Prophezeiung der letzten geistigen Schlacht auf Erden vollzogen hat, zurückkehren werden, um am Ende vom „Dunklen Zeitalter" ins „Goldene Zeitalter" die Wahrheiten zu offenbaren.

Die Überlebenden aus Atlantis waren auserwählte Samen für die 5. Wurzelrasse. Daraus erwuchs unsere heutige Menschheit. Durch viele Jahrtausende hindurch sank die heranwachsende Menschheit in einen unbeschreiblichen tiefen Bewußtseinszustand.

Die außerirdischen Lichtbringer gaben den überlebenden Priestern aus Atlantis genaue Anweisungen, die *„Bruderschaft der Schlange"* neu zu gründen.
Als dritte unbekannte Macht vollzog der „Adler", welcher die Raumbruderschaft darstellt, die Beeinflussung der Bruderschaften. Sie inspirierten die jeweiligen Bruderschaften und deren weltliche Könige, um die Weltreiche zu bauen.

Alle Kriege waren ein Mittel, um neue Geschichtsepochen und Zeitalter einzuleiten, um die Geschichte der Menschheit zu bauen.
Es war das alte Spiel - *wenn sich zwei streiten, dann bleibt der Dritte und seine Ziele im Verborgenen.*
So wurden alle weltlichen Führer von der dritten Macht verführt, um den Weltenplan der Schöpfung zu erfüllen.

Die Lichtbringer der Föderation, auch die „Wächter Gottes" genannt, leiteten hier auf Erden ein geheimes Erziehungsprogramm ein, um den äußeren Menschen in seinem Evolutionsplan zur Vervollkommnung zu führen.
Manchmal schickten die Bruderschaften Abgesandte mit einem geheimen Auftrag auf die Erdoberfläche. Diese suchten die geistigen Erben und weltlichen Führer der jeweiligen Zeitepochen auf und gaben ihnen neue Instruktionen.
Der *„Graf von St. Germain"* tauchte mehrere Jahrhunderte in Europa auf und verschwand dann später wieder auf einer seiner Asienreisen.

Der Fall des Bewußtseins der Menschheit nach Atlantis war ein bewußter Plan Gottes, um die Seelen weiter zur Vervollkommnung zu bewegen und nichts konnte es aufhalten, denn das Gitternetz, die Grundenergie des Planeten und deren elektromagnetische Ausstrahlung, verzerrte mehr und mehr das Bewußtsein der Menschen. Immer wenn es an der Zeit war, brachten sie neue Bewußtseinsimpulse zu den Führern der Menschheit.
Dies geschah durch die Sendboten der Städte, die aus dem Inneren der Erde zu den Menschen gesandt wurden. Auf zweifachem Weg als inkarnierter Meister oder als Gesandter.

Seit dem Untergang von Atlantis setzte sich in der äußeren Welt die Bruderschaft der Illuminaten durch. Eine Sonnenherrschaft mit allen männlichen Fragmenten begann.

Alle westlichen Kulturkreise tragen das Zeichen der „Schlange", der „Pyramide" oder des „Obelisken", was auf die Herrschaft durch die männliche Kraft des Kosmos hinweist.
Alle Kirchen und Hochhäuser in den Großstädten unserer Zivilisation sind der Kraftausdruck männlicher Omnipotenz. Die Sonnenmeister sind die Baumeister aller westlichen Kulturen und streben jetzt nach ihrem Höhepunkt einer äußerlichen Herrschaft durch eine globale Weltordnung. Sie alle sind *Shambhala* unterstellt und arbeiten mit den „Roten Drachen", den „Rotmützen-Tibetanern" zusammen, die die äußeren Repräsentanten von Shambhala sind.

Das Ziel der Brüder von *Shambhala* mit ihren weltlichen Führern, den Illuminaten, ist eine globale Weltregierung herzustellen. Diese Bruderschaft stellt die erdgebundenen Kräfte dar, die „Omegapolung", die Baumeister der Materie.
Das Ziel aller Weltpolitiken und Weltreligionen ist dasselbe. Sie alle hören auf irgendeine Bruderschaft oder Priesterschaft um dieses Ziel zu erreichen, nur Mittel und Wege sind verschieden.
Seit dem Kampf in Atlantis führten also die Brüder von Shambhala die geistige Elite an, verschiedene Weltreiche zu bauen. *Was aber war mit Aghartie?*

In „Aghartie" lebten die „Mondmeister", die Luminaren Herren, die Unsterblichen. Sie stellten die geistgebundenen Kräfte dar, die Alphapolung. Diese Meister sind die Hüter des Geistes, sie haben einen vollendeten physisch-ätherischen Körper und können sich jederzeit verdichten oder materialisieren. Sie sind die Hüter des Magnetgitternetzes der Erde und die Hüter des Erdkarmas. Sie repräsentieren den Gegenpol - die geistigen Alphakräfte. Sie arbeiten auch mit den Herren des Lichts zusammen und sind die „Hüter des Grals" (den sakralen und intergralen Kräften) des inneren Kosmos.

Der Sakral besteht aus sieben Urenergien, welche sich in der Form der sieben Chakras der Erde und jedes Lebewesens organisch oder anorganisch als Geist in die Materie ergießt, und als Bauplan Gottes für die Weltenzeitalter manifestiert. „Aghartie" existiert als physisch-ätherische Stadt und vertritt die Gegenpol-Bruderschaft. Die „Meister des Mondes" sind die kosmischen, weiblichen Kräfte, die seelische Kraft, die innere Lebenskraft.
Während des „Dunklen Zeitalters" der letzten 26.000 Jahre, haben sich die sieben Weisen aus Atlantis, die Kumaras, dort zurückgezogen. Sie bildeten den negativen Pol der inneren Welt. Sie dienten der im Außen in Menschwerdung befindlichen Welt und stellten das Gegengewicht dar. Sie haben ihre Arbeit in der Innenwelt vollbracht. Sie wußten jedoch, daß ihre Erlösung kommen würde, wenn die nächste Zeit der Umpolung einen Lernzyklus der Menschheit abschließen würde.

DAS ERBE VON ATLANTIS

Viele Tausende Jahre vergingen. Ganze Kulturen wuchsen heran und die Seelen machten ihre Erfahrungen des Menschseins.
Der „Adler" und die „Bruderschaft der Schlange" überwachten den Evolutionsprozeß über die Tausende von Jahren. Die Eingeweihten waren die Hüter des Wissens und waren angehalten, das Wissen nur an geistig reife Menschen mittels Einweihungen und Zeremonien weiterzugeben.
So entstanden die verschiedensten geheimen Bruderschaften, mit dem Ziel, die Menschheit bei ihrem Reifungsprozeß zu fördern.
Die Bruderschaften hatten den Auftrag, das Wissen zu hüten, bis die Menschen selbst soweit sind, daß sie das Wissen aus ihrem Innern selbst hervorbringen können, denn ein Wissen ohne Selbsterfahrung ist gefährlich.

Jeder Mensch mußte sich bis in unsere heutige Zeit weiterentwickeln, um ein Fundament des „Mensch-Gottseins" zu entwickeln.
Der vollendete Mensch ist das zu Fleisch gewordene geistige Gesetz Gottes. Jedes Zeitalter war eine weitere Manifestation einer neuen Tugend.
In jeder Kultur wurde der Menschheit durch die im Abstieg befindlichen „Avatare" eine neue Tugend als Fundament zur Menschwerdung gegeben.
Der letzte Avatar *„Jesus von Nazareth"* hat die bedingungslose Liebe manifestiert. Der neue und letzte Avatar ist ein Gruppenavatar, eine Gruppe von fortgeschrittenen Seelen, die alle dasselbe auf Erden verbreiten werden, den Avatar der Synthese oder der Auferstehung.
Der Gruppenavatar leitet das „Wassermann-Zeitalter" ein, wo sich der Mensch vollkommen neu definiert und als ein gemeinsames Lebewesen begreift.

Die Bruderschaften entwarfen alle Weltreligionen unter der Anleitung der geistigen Hierarchien. Sie förderten alle Trends, die aus der Menschheit selbst heraus entstanden.

Sie förderten unparteiisch alle 12 schwarzen und alle 12 weißen Tugenden, um ein Spielfeld der Erfahrung und Menschwerdung zu erzeugen.
Der Mensch selbst hat die Wahl, welchen Tugenden er folgt. Er hat die Selbstverantwortung, welchen Spielen er in dieser Menschwerdung folgt.

Die Erde, der physische Kosmos, wurde nur entwickelt, um diese physischen Erfahrungen in fester Form zu experimentieren.
Jeder hält seine Absicht und seinen Standpunkt immer für das Gute. Das wirkliche Gute und die wirkliche Liebe ist immer die selbstlose Tat, die keine Ursächlichkeiten mehr kennt und aus einer Freiheit, aus dem vollkommenen Menschen kommt.
Sie entsteht nie, um den negativen Pol zu verdrängen, zu beschönigen oder besser werden zu wollen. Eine selbstlose Tat, etwas Positives zu tun, ist mehr wert als tausend leere Worte über Liebe und Weltverbesserung. Sie beginnt immer dort, wo wir jetzt im Leben stehen.

"ELOHIM", der Engel, der die planetarische Schwangerschaft überwacht.

Der Abstieg des Sonnengeistes.
Involution der Engel.
Evolution des Tiermenschen.

DER MENSCH zwischen zwei Kräften.
SEIN GEIST aus der Sonne.
SEIN KÖRPER von der Erde.

"ATLANTIS"
Grafik aus dem Video
"Die Legende von Atlantis".

"DIE INSEL ATLANTIS"
Grafik aus dem Video
"Die Legende von Atlantis".

Zerstörte Städte in der Taklamakan Wüste zwischen Tibet und China. Vielleicht auf den Ursprung von Atlantis zurückzuführen.

Die Bruderschaft aus Shambhala und Aghartie. Aus dem Video "Die Legende von Atlantis".

Die Bruderschaft aus Shambhala und Aghartie.

Die Bruderschaft aus Atlantis schickt die Lichtkinder auf sichere Kontinente.

Die Bruderschaften schlugen "symbolisch" den Menschen ans Kreuze der Materie bis er seine Tugenden entwickelte.

Hinter allen Staats- und Religionsentwürfen stehen die geheimen Bruderschaften, die von höheren Intelligenzen inspiriert werden.

Ein Buddha vom blauen Volk aus Atlartis.

Der Mensch zwischen den beiden Kräften Alpha und Omega.

Die Schlange als Symbol gegengepolter Kräfte von Shambhala und Agharta.
Der Adler als Symbol der Überwachung durch die Raumbrüderschaft.

Kapitel 2

DIE GEHEIME BRUDER-SCHAFT UND DAS ERBE AUS ATLANTIS

Jahrtausende waren vergangen, seitdem sich die zwei Priesterkasten aus Atlantis bekämpften und der Auslöser für den Untergang von Atlantis waren.

Schon lange waren die Geheimnisse aus Atlantis und dessen magisches Zeitalter in Vergessenheit geraten.
Nur im Geheimen wurde eine Bruderschaft von den unsichtbaren Kräften der geistigen Hierarchie und Raumbruderschaft angeleitet, ein Weltreich nach dem anderen zu bauen.
Ganze Kulturen entstanden unter der geheimnisvollen Führung und Inspiration der Bruderschaften.
Die Bruderschaften bauten die weltlichen Tempel und Städte und Gott baute seinen Tempel - den Menschen - der durch das Spielfeld von unzähligen Erfahrungen zur Reife gelangte.

Im alten Ägypten war die „Bruderschaft der Schlange" schon lange an der Macht, als immer wieder Auseinandersetzungen des alten Konfliktes der beiden Bruderschaften von „Shambhala" und „Aghartie", die ihren Ursprung in Atlantis hatten, aufflammten.
Einen dieser Höhepunkte erreichte die Auseinandersetzung zwischen der „Babylonischen Kaste" und der „Hebräischen Kaste". Beide beharrten fest darauf, daß nur sie die Gottesrasse der Außerirdischen seien.
Jahrtausende verstrichen, immer mit dem gleichen Spiel um Macht und polare Gegensätze.
Schließlich setzte sich die „Hebräische Bruderschaft", die Shambhala zugetan war, gegen einen aramäischen Teil, der Aghartie zugetan war, mit Hilfe atlantischer Hochtechnologie, wie die „Bundeslade", durch.
Der ganze Zeitraum des Alten Testaments, von der Sintflut bis zu Abraham und Moses, der auf dem Berge neue Weisungen von den Wächtern Gottes erhielt, war ein Bruderkrieg

zwischen den versprengten „Arischen Kasten" aus Atlantis und deren immer tiefer absteigendem Bewußtsein.
Tausende von Jahren vergingen und das hebräische Kastensystem mit seiner Logentradition blühte auf und befreite sich aus der ägyptischen Macht und deren Hohenpriester.

Und wieder einmal war der Speer des Schicksals von einer Kultur genommen und einer anderen übergeben worden. Die Raumbrüder inspirierten im Verborgenen die hebräischen Priester und gaben ihnen Anweisungen, das neu erwählte Gottesvolk zu führen. Die hebräische Führungsrolle festigte sich und Generationen wuchsen heran, geprägt von der tiefen Mystik der hebräischen Einweihungsschriften und Zeremonien der *Rabbis*.

Die Propheten weissagten den Priestern, daß ein Messias geboren wird, der ein neues Zeitalter einleiten sollte. In diesen Weissagungen stand, daß dieser Messias mit unvorstellbaren Fähigkeiten komme und mächtiger als alle Könige der Welt sei. Die Bruderschaft der Hebräer wußte schon lange vor dieser Zeit, wann ungefähr der Messias geboren werden sollte, und sie hatten große Angst ihre weltliche und spirituelle Macht zu verlieren. So war es dann kein Wunder, als König „Herodes" von der Geburt erfuhr, daß er nach Christus suchen ließ. Die Bruderschaft befürchtete, daß Ihnen die Macht entzogen werde.

Als Christus dann mit seinem Wirken anfing, die Tempel der Schriftgelehrten aufsuchte und ihnen klarmachte, daß das Leben Gottes im Innern des Menschen zu finden sei und nicht in ihren toten Schriften, war dies das Ende des magischen Zeitalters der atlantischen Bruderschaft.

Es war ein langer, blutiger Weg der Menschwerdung des „Dunklen Zeitalters" von Atlantis bis zur Wiederkunft des Lichts.

Die Bruderschaften arbeiteten Jahrtausende in allen Kulturen im Verborgenen. So können wir den Weg von Atlantis über Ägypten ins Heilige Land, über Griechenland nach Rom und in alle Europäischen Königshäuser verfolgen.
In der Neuzeit sandten sie ihre Führer in die neuen Länder *Amerika* und *Australien.* Heute gibt es fast kein Land mehr, das nicht durch die alte Weltordnung der Bruderschaften im Äußeren geführt wird.

DIE GEISTIGE PYRAMIDE DER BRUDERSCHAFT

Alle 33 Pyramidensteine der geheimen Weltverschwörung der *Illuminaten* und *Freimaurer* sind Organisationen der imperialistischen und materialistischen Pyramide, eine Manifestation der männlichen Hierarchie Gottes auf Erden, die geistigen Kräfte *„Luzifers",* des Lichtbringers.

Schon zur Zeit König Salomons wurde die geheime Bruderschaft der Tempelbauer Gottes von den Götterboten, den Wächtern, den Elohims damit beauftragt, den „Tempel Gottes" zu bauen.
Die Freimaurer und Illuminaten, welche *„Die Erleuchteten"* heißen, früher auch *„Templer"* genannt, hatten die Aufgabe, den Tempel Gottes zu mauern.
Der „Tempel Gottes" ist - symbolisch - der *„Tiermensch",* der erzogen werden sollte, damit er jede erdenklich gute und negative Erfahrung durchläuft und aus seinen Erfahrungen lernt, bis er eines Tages seine niederen Eigenschaften transzendiert hat.
So finanzierten diese Kräfte alle Kriege, alle Verschwörungen, aber auch alle humanitären Stiftungen und alle großen Staatsentwürfe der westlichen Welt, um den Seelen das Spielfeld der Erfahrung zu bieten. So können wir jetzt verstehen, was es heißt:

...*„Ich bin die eine Kraft, die Gutes will und Schlechtes schafft. Ich bin die eine Kraft, die Schlechtes will und Gutes schafft"*...

Alle Führungskräfte der westlichen Religionen und Staatsformen waren seit Atlantis bedingt eingeweiht und halfen, den Menschen zu erziehen.

Jetzt aber ist die Zeit gekommen, in welcher der Tempel seine Vollendung gefunden hat und die „Elohim" zurückkehren, um die vollendeten Menschen zu erwecken.

So wie die Eltern eines Tages ihr erzogenes Kind in die Selbständigkeit entlassen müssen, wird dieses Buch den 13. Stuhl der Illuminaten besetzen und ihnen die Klarheit vermitteln, daß jetzt die Prophezeiung um *Elias* und seine Aufgabe erfüllt ist.

Denn jetzt läuft alles rückwärts. Der Mensch soll sich von allen gesellschaftlichen und religiösen, von jeglicher Vorstellung, was es heißt, Mensch zu sein, entprogrammieren, so wie jegliche gesellschaftliche Struktur die Grundlage einer Zivilisation ist und es nicht darum geht, diese Struktur zu zerstören, sondern nur darum, daß sie von den Ego-Strukturen der Lobbies befreit wird. So geht es jetzt auch nicht darum, den „Tempel Gottes" - den menschlichen Körper - wieder zu zerstören, sondern nur von seiner Ego-Struktur zu entprogrammieren.

Wie? - Indem er alle Vorstellungen vom Negativen fallen läßt. Alles ist nur eine Erfahrung aus der wir lernen, denn niemand ist wirklich negativ. Das Negative in uns und in der Welt ist ein Lehrer, durch den wir langsam zum Verständnis kommen. Ohne Dunkelheit würde es kein Licht der Erfahrungen geben. Denn egal was wir tun, wir kommen durch unsere negative Handlung zur Erkenntnis der wahrhaftigen Liebe, die hinter der scheinheiligen Liebe steht. Vielleicht können wir dadurch den Sinn dieser geheimen Bruderschaften begreifen, die im Auftrag Gottes alles Negative und alles Positive finanziert und gefördert haben, bis der Mensch sich von selbst so weit entwickelt hat, um nur noch im anderen seinen Bruder zu erkennen und von sich selbst heraus positiv wird.

Die Menschheit ist wie das alchimistische Gold, das ins Feuer geworfen wurde, bis alle Unreinheiten sich vom reinen Gold getrennt haben und eine wahrhaftige Menschheit entstanden ist.

Alle gesellschaftlichen Machtsysteme wurden durch die „Bruderschaft der Schlange" geführt, die wiederum von geistigen und außerirdischen Kräften der Wächter inspiriert wurden. Kurzum, alle, die jemals nach Macht und Herrschaft gestrebt haben, ob Monarchie, Kapitalismus oder Kommunismus, waren und sind während des „Dunklen Zeitalters" geistig von der Sonnenhierarchie beeinflußt worden und stellen die materiell gebundenen männlichen Kräfte dar.

Natürlich wurden wir im „Dunklen Zeitalter" von unseren Religionen und Mächtigen geführt, aber genauso wurden sie von den geistigen Herren geführt. Viele Eingeweihte unterer Ränge wissen gar nicht, daß an der Spitze der Pyramide der Logen, außerirdische und kosmische Beeinflussung durch die Sonnenhierarchien stehen.
Im „Dunklen Zeitalter" herrschten die Sonnenhierarchien, die Illuminaten, die vollendeten männlichen, kosmischen Kräfte - *die Baumeister der Materie.*
Im nächsten, „Goldenen Zeitalter" herrschen die Mondhierarchien, die Luminaren, die vollendeten weiblichen, kosmischen Kräfte in Balance mit den männlichen Kräften.
Die vollendeten Seelen des nächsten Zyklusses haben *Sonne* und *Mond*, was symbolisch die Hochzeit von Geist und Materie ist, in sich vereinigt.
Die Vereinigung von Mann *EGO* und Frau *SEELE* in einem Menschen führt zurück zur Unsterblichkeit. Das göttliche Selbst wird in Zukunft als Mensch auf Erden wandeln.

DAS CHRISTENTUM
UND DER TEMPLER-ORDEN

Die wahre Offenbarung des „Göttlichen" wurde mit jeder Niederschrift verfälscht, da die Niederschrift immer eine Interpretation des nicht Erlebten offen ließ.
So entstanden die Weltreligionen mit allen ihren abgespalteten Sekten, die sich an die toten Buchstaben hingen und die von Generation zu Generation weiter von der Wahrheit wegführten.
Nach dem Tode Christus wurden auch seine Worte falsch interpretiert, zum Teil absichtlich verfälscht.

Im ersten Jahrhundert war die Enttäuschung der ersten christlichen Urgemeinden groß, als die Schriften, durch die geheimen „Hebräischen Bruderschaften", die mit den Römern gemeinsame Sache machten, Teile des Evangeliums ins Gegenteil verkehrte.
Aus dem atlantischen Evangelium des Lebens der *Essener*, welches noch die Lehre der Reinkarnation enthielt und keine Interpretation des Bösen hatte, wurde dann über die Jahrhunderte, die tiefe Spaltung zwischen Himmel und Hölle.
„Petrus", der in seinen letzten Tagen erkannte, was passiert war, ließ sich mit dem Kopf nach unten aufhängen, als Symbol dafür, daß die Welt auf dem Kopf stehe.
All seine Gläubigen hatten damals nur einen Trost - eine Prophezeiung, daß sie eines Tages in einer fernen Welt, kurz vor der Wiederkunft geboren werden, um dann die Erde zu erben.

Schon lange war das Christentum und die geheimen Logen der Bruderschaft in den europäischen Königshäusern eingezogen, als verschiedene „Ritter-Bruderschaften" nach ihren Wurzeln im Heiligen Land suchten.

Aus allen Ländern Europas machten sich Kreuzritter auf die Reise ins „Heilige Land". Einige von den Ritterschaften waren nicht in die Freimaurer-Bruderschaft, die zu dieser Zeit schon den Vatikan voll unter Kontrolle hatten, eingeweiht. Sie suchten nach der Wahrheit, da sie dem Treiben des Oberhauptes der Kirche nicht zustimmten.

Speziell im 11. Jahrhundert zogen die germanischen und baltischen Kreuzritter nach Syrien, wo sie von einem alten Meister, der *„Alte der Tage"* genannt, in die ganze Wahrheit über den atlantischen Bruderkrieg der Priesterkasten eingeweiht worden sind.
Sie erfuhren aus den babylonischen Steintafeln von der Zerstörung der „Aramäischen Bruderschaft" durch die „Hebräischen Bruderschaften" und die ganze Wahrheit über die Verfälschung des Essener Evangeliums und der Botschaft Christus.
Dies führte zu einer sofortigen Abspaltung aus dem Christentum und ein neuer „Templer-Orden" entstand.

Nach ihrer Rückkunft bauten die „Templer" mit dem neuen Wissen aus Atlantis, die „Gralsburgen" in allen Ländern Europas. Sie führten das Geldsystem ein und kamen zu großem Ansehen. Später wurden sie dann von der Kirche und der alten Loge verfolgt und die Inquisition nahm ihren Anfang.
Einige der Ritterschaften kamen nach Wien-Heiligen Kreuz und gründeten dort an heiligen, germanischen Kraftplätzen mehrere Klöster und Burgen, wo sie einen Teil des Wissens und die Schriften aufbewahrten. Über Jahrhunderte schlummerte in der Umgebung Wiens ein Teil des Templerwissens.
Nach der Inquisition hatten die alten Bruderschaften, mit neuem Gesicht, wieder die Macht. Ein Teil der heutigen Freimaurer und Illuminaten gingen direkt aus dieser Templer-Bruderschaft hervor.

Zur Jahrhundertwende gab es in dem „Templer-Orden" Wiens einen Mönch, der nicht so ganz in das Bild der Bruderschaft paßte. Er verließ die Bruderschaft und das Kloster bei Wien und gab sich später den Namen *„Lanz von Liebenfels"*. Später gründete er den „Neu-Templer-Orden" (ONT).
Er vermischte sein Templerwissen mit den Übersetzungen der „Bagavagitha", wo der Krieg der Götter von Atlantis beschrieben wurde. Speziell lehrte er später, daß nur die arische Rasse der Bruderschaft die „Gottmenschen" waren und die *„Tschandalen"* wurden wie die „Gottlosen" dargestellt, die sich endlose Schlachten in der indischen Mystik lieferten.

Sein Weltbild ging dahin, daß die „Hebräische Bruderschaft" die direkte Nachkommenschaft der Gottlosen war und die Welt der arischen Götter im „Dunklen Zeitalter" unterdrückte.
Eine weitere Interpretation war, daß das nordische und germanische Volk die einzige Nachkommenschaft der atlantisch, arischen Götter waren und ihre Abstammung nur an den *„Blonden"* und *„Blauäugigen"* zu erkennen war.

Hier ist also die Wurzel des Rassismus zu finden. Seit Atlantis und dem Untergang bekämpften sich zwei Priesterschaften, *Shambhala* und *Aghartie* in immer neuer Form und neue Kulturen.
Sind vielleicht die Erde und ihre Epochen nur ein Spiegel dieser geistigen Auseinandersetzung?

Die alten Templer-Klöster in Österreich sind die ganze Donau entlang verstreut. So steht auch eines in Braunau, dem Geburtsort von „Adolf Hitler".
Wir können nur ahnen, ob Adolf Hitler *„Lanz von Liebenfels"* bereits in seiner Jugend im Kloster „Braunau" traf oder erst später in seinen Studienjahren in Wien. Er wurde auf jeden Fall, durch diese selbst interpretierten esoterischen Schriften, in das alte Templerwissen, in den Bruderkrieg von

Atlantis, in die Verfälschung der Botschaft Christus, in die urchristliche Religionsgründung der aramäischen Bruderschaft und die Übernahme der hebräisch-jüdischen Bruderschaft und all diese Geheimnisse der Vergangenheit, eingeweiht.
Einen Hinweis darauf gibt es, daß der Kontakt im Kloster Braunau stattfand, denn dort gibt es eine Kopie der Lanze von dem römischen Legionär *„Longistus"*.
Nach dem Original suchte Hitler später noch viel intensiver als nach der Bundeslade. Der Lanze von „Longistus" wurden magische Kräfte zugesprochen, da sie Christus in die Seite gestoßen wurde.

Die atlantische Geheimlehre erzählt, daß als die von den Sternen kommenden Götter sich mit den noch reinkarnierenden Frauen der Tiermenschen einließen, es zu einem Götterkrieg kam. Die Abtrünnigen, die gefallenen Engel, wurden in eine erneute Menschwerdung verbannt.
Als letztes Überbleibsel von Atlantis waren diese gefallenen Götter die Könige, Indo-arischen Kasten und Priesterschaften. Diese arischen Priesterschaften wurden von den hereinströmenden dunklen Rassen der Subkontinente versprengt und das Zeitalter der Götter ging zu Ende.
Die „Gottmenschen" von den Sternen waren schon lange normale inkarnierende Menschen, als die indischen Gelehrten vor Tausenden von Jahren noch immer darüber stritten, welche Nachkommenschaft der Sippen zur arischen Gottesrasse und wer zur Menschenrasse gehört.
Als dann die Suche nach dem arischen Gottmenschen, Ende des 19. Jahrhunderts, von einer europäischen Esoterik-Elite wieder aufgenommen wurde, war auch der Grundgedanke des Rassismus der *Über- und Untermenschen* wieder neu entfacht.
Es war *„Nietsche"* mit seinem „Übermensch" und viele andere prominente Schriftsteller, die den Gedanken an die Gottmenschen aus Atlantis aus den indischen Texten entnahmen.

Nur ein paar Jahrzehnte später sollten die esoterischen Geheimlehren, vermischt mit der Sehnsucht nach dem verlorenen Zeitgeist des Kreuzrittertums und dem verlorenen Heldentum der germanischen Göttersagen, einen jungen Mann in Wien beeinflussen.

In Hitlers Jugend schlug der Vater die Mutter unter Alkoholeinfluß. Daraus erwuchs in dem jungen Adolf der Wunsch, als ritterlicher Held, die Mutter von dem Bösen zu befreien. Schon in seiner frühesten Jugend flüchtete sich der junge „Adolf" in eine romantische Welt der germanischen Sagen, wo das Edle noch das Böse besiegen konnte.
Dieser Mystizismus um die Polarität von *Gut* und *Böse* fand dann in Wien, durch die Studien seiner Esoterikliteratur der Indo-arischen Götterschlachten, seinen Höhepunkt.

In diesen alten Schriften und bestärkt durch die ersten Vorträge der Schriftsteller dieser Zeit, wurde das Weltbild des jungen „Hitlers" noch mehr in *Gut* und *Böse* aufgespalten.
Inspiriert von diesen Schriften zimmerte sich Adolf Hitler in den einsamen Stunden des Männerheimes in Wien sein eigenes Weltbild zusammen.
Dieses Weltbild läßt sich nur schwer konstruieren, jedoch inspirierte ihn die „Gott-Menschenwelt" aus Atlantis und deren Fall durch die Welt des Bösen derart, daß er in einer eigenen Welt lebte.

Als „Hitler" dann auf die Literatur von *„Guido von List"* und später auf die von *„Lanz von Liebenfels"* stieß, entfachte in ihm das Feuer, die Welt von allen dunklen Mächten befreien zu wollen. Mit der Sichtweise „Hitlers", die Welt vom Bösen zu befreien, war die Katastrophe schon vorherbestimmt.

In den Schriften von *„Lanz von Liebenfels"* können wir den Nährboden aller rassistischen Lehren der damaligen Zeit finden, und alle Ideen die „Hitler" direkt oder teils wörtlich übernahm.

So sprach *„Lanz von Liebenfels"* von einer Reinzucht des arischen Volkes, um die edlen Göttereigenschaften wieder hervorzubringen, bis zur Endlösung die Untervölker auszurotten, um die atlantische „Gott-Menschenrasse", *blond* und *blauäugig*, wieder als „Herrenrasse" zu etablieren.

Aber es war nicht nur Hitler, der in Wien die Lehren von *„Lanz von Liebenfels"* und seine Zeitung „Ostara" las.
Es waren die verschiedensten Persönlichkeiten verschiedener „Männerclubs", die später alle wieder zusammenkommen sollten, um alle an einem Strang zu ziehen und die Idee einer neuen „Herrenrasse" zu etablieren. *„Erich Ludendorff"* und *„Dietrich Eckart"* waren damals bereits Abonnenten dieser Rassenkunde.

Vollgestopft mit dem selbst interpretierten Esoterikgeschwätz, vielleicht schon Mitglied im Neutempler-Orden, zog Hitler in den 1. Weltkrieg. Vielleicht hatte er schon Kontakt zu *„Ludendorff"* bevor der 1. Weltkrieg begann, als Esoterik-Freund und Gleichgesinnter.

Seine Chance, alle davon zu überzeugen, daß er der germanische Retter, ist, der den Kampf gegen alle Ungerechtigkeit dieser Welt führen werde, sollte er erst ein paar Tage nach dem 1. Weltkrieg in München bekommen, wo er sich, nach dem Befreiungskampf gegen die Kommunisten, als Redner hervortat.
Sein esoterisches Wissen und seine geheime Mitgliedschaft in einer dieser Sekten, hielt er streng geheim.

Hitler versuchte, seine esoterischen Quellen immer zu verbergen und er erteilte später all seinen Lehrern Schreibverbot. So gibt es Gerüchte, daß *„Rudolf Steiner"* in die Schweiz fliehen mußte, weil er Hitler persönlich kannte. Er übernahm das Wissen und machte es zu seiner eigenen Inspiration. In seinen Anfangstagen in München war der Astrologe *„Hanussen"* an seiner Seite.

Hitler war in Wien und in München in esoterischen und völkischen Zirkeln bekannt und traf hier im Vorfeld auf die esoterische Prominenz.
So gab es Kontakte zur Familie „*Ludendorff*" (Mitglieder des Germanen-Ordens und Hammerbundes). Auch „*Himmler*" hatte zu dieser Zeit bereits Kontakt zum ONT und sein Vorbild war „*Karl Maria Willigut*" (unter dem Decknamen „*Lobsam*"). „*Karl Haushofer*" wurde durch „*Iwanowitsch Gurdjeff*" auf seinen Tibetreisen inspiriert.

Originalrede von Adolf Hitler, dokumentiert von „*Hermann Rausching*":

...*„Jeder Deutsche steht mit einem Fuß in jenem bekannten Land Atlantis, in dem er mindestens einen recht stattlichen Erbhof sein Eigen nennt. Diese deutsche Eigenschaft der Duplizität der Naturen, die Fähigkeit, in doppelten Welten zu leben, eine imaginäre immer wieder in die reale hineinzuprojizieren. Alle diese kleinen Nacktkulturisten, Vegetarier, Edengärtner, Impfgegner, Gottlosen, Biosophen , Lebensreformer, die ihre Einfälle verabsolutieren und eine Religion aus ihrer Marotte zu machen versuchten, lassen heute ihre geheimen Wünsche in die vielen Gaszellen des Riesenluftballons der Partei einströmen..."*

Erst später, als er an der Macht war, wunderten sich die Menschen, woher all die Ideen der *blond-blauäugigen Herrscherrasse* und der *Unterrassen* kamen.
Ein neuer atlantischer „Gottmensch", der wieder die göttlichen Übersinne und Eigenschaften hat, sollte herangezüchtet werden. Die „Tiermenschen", der Rest der Welt, sollte dieser „Herrenrasse" dienen.

Durch den Okkultismus geprägt, faßte Hitler den Beschluß, die Welt als germanischer *Messias* und *Erlöser* in einem Heldenendkampf um Gut und Böse und mit einem Endsieg über das Böse ins neue „Tausendjährige Reich" zu führen.
Er selbst sah sich natürlich als Träger dieser verschütteten Gotteseigenschaften, da er durch Drogeneinfluß medial wurde.
Seine Idee von einem *Tausendjährigen Reich* borgte er sich von der geheimen Johannesoffenbarung.
Aber Hitler war nicht allein mit seinem Traum von einem Germanischen Reich der zurückkehrenden Gottmenschen aus Atlantis.
Da war die „*Thule-Gesellschaft*", der „*Germanenorden*" und der „*Armanenorden*", der 1917, im Hotel „Vierjahreszeiten" in München, die gleichen Träume hatte, nur mit einem Unterschied, daß sie die jüdischen Freimaurerlogen und Illuminaten als das *Böse* sahen.
Die Bücher von „*Lanz von Liebenfels*", „*Guido von List*" und vielen anderen Autoren, hatten schon eine intellektuelle Schicht geformt. Der „Germanen-Orden" verfügte, zusammen mit dem „Hammerbund", über ein flächendeckendes Netz von neureligiösen Organisationen, welche alle über eine antisemitistische Weltanschauung verfügen.
Es waren die Logen von Asgard,
die Religion „Häußer",
die Deutschkirche,
Arbeitsgemeinschaft für deutsche Kultur,
Bund der Deutschen Ariosophischen Kirche,
Nationalreligion des Edda,
Reichshammerbund,
Deutscher Schutz- und Trutzbund,
Volkischer Freiheitsblock,
die Deutsche Gotteskirche,
die Heimatreligion e.V.,
der Deutsche Schafferbund,
die Germanische Glaubensgemeinschaft e.V.,
der Jung-Deutsche-Orden,

die Artamanen (Himmler, Blut und Bodenphilosophie),
die Geheimgesellschaft Akakor (Verbindungen zu Deutschkolonien),
der Treubund für Aufsteigendes Leben,
der All-Arierbund,
die Deutsche Erneuerungs-Gemeinde,
das Weimarer Kartell,
der Germanenring e.V.,
der Jungbornbund,
der Neutempler-Orden (Hitler als Schüler),
die Vrilgesellschaft,
die Herren der Schwarzen Sonne,
die Brüder des Lichts (Loge Karl Haushofer),
die Guido v. List-Gesellschaft,
die Edda-Gesellschaft,
die Edelweiß-Gesellschaft (Göhring),
und einige Ritterbünde.

Sie alle hatten die gleiche Weltanschauung, daß die Freimaurer-Logen 80 % aller politischen Mandate unterwandert hatten, und daß 80 % des Kapitals in Deutschland von diesen Logen kontrolliert wurde.
Weiter glaubten sie, daß der 1.Weltkrieg eine Manipulation war. Dieser Verschwörungsglaube führte sehr schnell, durch Übernahme verschiedener völkischer Zeitungen, zur allgemeinen antisemitischen Haltung.
Es wäre interessant zu wissen, wie viele der deutschen und internationalen Politiker heute wieder Mitglieder der Freimaurer und anderer Logen sind.

Der Glaube daran, daß der Germane direkt von den „Gott-Ariern" abstammte und die göttliche, ordnende Kraft das *männliche* Prinzip verkörperte und der Jude und seine Geheimlogen die zersetzende Kraft, das *weibliche* Prinzip sei, war der Anfang dieser Tragödie. Sie führte mit der Angst vor den Kommunisten dazu, daß in ganz Deutschland die militanten Schutzbunde gegründet wurden.
Der Germanen-Orden war der Versuch, ein Netz von Gegen-

logen zu den jüdischen Freimaurer-Logen zu gründen, um eine politische und geistige Überfremdung zu bannen. Das war die Geburtsstunde des Nationalgedankens.

Was aber hatte das Freimaurertum mit dem Antisemitismus zu tun?

Die Deutsch-Völkischen Logen fanden heraus, daß zu jener Zeit die reichsten Familien der Welt, wie *Rothschild, Rockefeller* usw., 80 % des Weltkapitals steuern konnten und es ihnen ein Leichtes war, z.B. einen Börsenkrach auszulösen, und noch kräftig daran zu verdienen. Fast alle reichen Familien waren zu jener Zeit jüdischer Herkunft.

Die Esoteriker der damaligen Zeit, aus dessen Führungspersönlichkeiten sich dann das „Dritte Reich" formen sollte, verfolgten das Brauchtum der „Zinsknechtschaft", wie sie es nannten, und das Bankwesen der künstlichen Wertschöpfung auf das geheime Wirken der Freimaurer-Logen zurück. Sehr schnell entstand eine Verschwörungsansicht, daß die Banken als Werkzeuge einer Elite dienten, die die Zinsen benutzten, um sich wie die Blattläuse an der Arbeitskraft eines Volkes als Blutsauger zu bedienen.

Sie glaubten, daß die Menschen dadurch in eine Abhängigkeit des Materialismus gebracht werden sollten, und daß durch den künstlichen Mehrwert des Zinses, am hart erarbeiteten Geld der Menschen, sich eine „Vampir-Lobby" entwickelt hatte, die nicht nur an den Aufschwungsphasen einer Konjunktur verdiente, sondern Milliarden durch Kriege und Zusammenbrüche.

Weiters vertraten die völkischen Logen die Ansicht, daß diese Bankelite und Hochfinanz durch das internationale Netz des Freimaurertums gesteuert wurde.

Erst als das allgemeine Volk, durch die Propaganda der Eingeweihten, anfingen, die Juden als die Drahtzieher des Materialismus hinzustellen und das Ganze mit der Rassenlehre zu proklamieren, entstand der Sprengstoff für die Katastrophe. Das Volk nahm langsam die rassistischen

Ideen der esoterisch-völkischen Bewegung auf, und formte sich zu einer politischen Bewegung.

Die Entstehungs-Geschichte des „Dritten Reiches" kann man in fünf Phasen gliedern:

1.   Esoterische Literatur des atlantischen Mythos und der herabgestiegenen Gottmenschen, der durch die Tiermenschen verdrängt wurde. (Sanskrittexte und deren Prophezeiungen von der Rückkehr des Gottmenschen und der letzten Schlacht mit dem Sieg über das Böse). Dieser Gedanke wurde von den verschiedensten Schriftstellern des 19. Jahunderts aufgeriffen.

2.   1900 - 1906
Germanische Kulturgemeinschaften und Schriftsteller, die um die Jahundertwende, diese vorangegangene Literatur mit ihren konservativen Ahnentum der Germanen und den heidnischen Lehren des „Arierkultes" verherrlichten.

3.   1906 - 1916
Gründung von geheimen, germanischen Gegenlogen gegen das Freimaurertum und dessen unterwandertes Christentum, mit dem Ziel der Aufklärung durch esoterische, völkische Schriften und Anwerbung von prominenten Mitgliedern.

4.   1916 - 1919
Gründung einer Dachorganisation, der „Thulegesellschaft", um der neu geschaffenen geistigen Elite der neureligiösen Strömungen eine politische Stoßrichtung zu geben.

5.   1919 - 1924
Die Thulegesellschaft veranlaßte die Gründung einer politischen Partei (AP und DAP) und hatte mit der politischen Übernahme der daraus folgenden NSDAP eine Massen-

bewegung geschaffen. Als ihr Ziel erreicht war, wurde die Thulegesellschaft aufgelöst und ihre früheren Mitglieder entschieden sich, in die Politik zu gehen, oder im Hintergrund zu verschwinden. So entstand der Mythos.

Durch die politischen Umtriebe der Räteregierungen und der Kommunisten wurde die *Thulegesellschaft*, ein Zusammenschluß und eine Deckorganisation des Germanenbundes, beauftragt, die Schützenvereine und Heimwehrbewegungen als politische Gegenrevolution zu aktivieren.
In München wurden dann, von „*Rudolf von Sebottendorf*", alle politisch Gleichgesinnten und alle Offiziere durch Vorträge geschult, um den nationalsozialistischen Gedanken in einer Partei zum Ausdruck zu bringen.
Die Thulegesellschaft und die Neureligiösen Orden und Schutzbünde unterrichteten die Offiziere in der ariogermanischen Geheimlehre und bildeten sie für politische Auftritte aus. Einer dieser Offiziere, nach seinem Militärdienst bei der Bayrischen Geheimpolizei Gurko - als Ausbilder und politischer Spitzel - war *Adolf Hitler.*

ADOLF SCHICKELGRUBER (HITLER)
- DER ERLEUCHTETE -
WILL DIE WELT VOM SATAN BEFREIEN

Es ergab sich, daß junge Offiziere des Deutschen Heeres, kurz nach dem ersten Weltkrieg, in München, in eine esoterische Loge namens *„Thule"* eingeweiht wurden. In dieser Loge wurde die geheime Weltverschwörung der Illuminaten aufgedeckt. Diese Offiziere waren äußerst aufgeregt, als sie entdeckten, daß der Krieg, den sie gerade verloren hatten, schon in den geheimen Papieren der *„Weisen von Zion"* als Verschwörung im 19. Jahrhundert vorausgeplant war.

So besagten die Papiere der „Weisen von Zion", der Illuminaten:

„Wir sind die Kraft, die alle Parteien und Kriege finanzieren solange, bis die Menschheit der Kriege überdrüssig wird. Wir sind die eine Kraft, die alle Mächtigen an die Macht bringt, ob Königreich, Aristokratie, Kommunismus oder Kapitalismus. In unserer Schuld stehend werden wir dann, wenn sie

des Kämpfens müde sind, die neue Weltordnung über das Kapital und die Staatsverschuldung einführen."

Die Menschheit wird die Geschichte neu schreiben müssen, wenn sie untersucht, wer denn „Napoleons" Kriege oder „Lenins" kommunistische Revolution finanzierte und wer alle Parteien des ersten Weltkrieges finanzierte.

Ende des 18. Jahrhunderts entstand in Europa, speziell in Deutschland, eine neue spirituelle Bewegung, die sich mit tiefen, geistigen Dingen auseinandersetzte. Speziell ging es um die wirkliche Herkunft der Menschheit, die ganzen Geheimnisse aus Atlantis.
Diese spirituellen Gruppen wurden von unsichtbaren Meistern inspiriert, die in Indien und Tibet europäische Forscher durch *„Mediumismus"* belehrten.
Die esoterischen Geheimlehren der *„Helena Petrova Blavatsky"* waren die Grundlage dieses Geheimwissens. Daraus entstanden Anfang des 19. Jahrhunderts verschiedene esoterische Gruppen, wie z.B. die „Anthroposophen" mit *„Rudolf Steiner"*. Diese Lehren sprachen über ein kommendes neues Zeitalter, welchem eine letzte große Schlacht um *Gut* und *Böse* vorausging.
Die Lehre der unsichtbaren Meister aus *Shambhala* wurde von den damaligen Esoterikern mit vielen anderen Religionen, wie dem *Hinduismus, Buddhismus*, den geheimen Prophezeiungen des *Johannes (Apokalypse)* und des Germanentums, vermischt.

Viele neuzeitliche okkulte Gruppen kamen dahinter, daß es schon vor ihnen esoterische Logen gab, die unter der absoluten Geheimhaltung, wie die *Freimaurer, Rosenkreuzer* und *Illuminaten-Orden,* die Fäden der Weltpolitik in den Händen hielt.
Diese neuen „Okkultisten" der Jahrhundertwende warteten alle auf dieses neue „Goldene Zeitalter" und hielten sich alle, wie die heutigen Sekten, für die „Erwählten", die das

Tausendjährige Reich des Friedens nach der Apokalypse und der Rückkehr des Christus mit dem ewigen Leben erben würden.
Viele wünschten sich in dieser Zeit der großen Probleme einen „Erleuchteten Führer".

Aus einem der Germanen-Orden der in Bad Aibling, von *„Rudolf v. Sebottendorf"* im Jahre 1912, gegründet wurde, gingen einige der „Okkultisten" hervor, aus deren Gedankengut dann später die große Tragödie entstehen sollte, daß das Böse als personifiziertes Feindbild in den alten Freimaurerlogen und Kapitallogen zu finden sei. So war es dann nach der Niederlage des ersten Weltkrieges 1917 in München, als der Germanenorden mit einer ganzen Gruppe von Sekten zur „Thulegesellschaft" verschmolz und die gerade entlassenen Offiziere des ersten Weltkrieges dazu eingeladen wurden.
Bei dem Treffen erfuhren sie, daß sie für die Pläne der Kapitallogen der Zionisten auf dem Schlachtfeld verheizt wurden. Man kann nur ahnen, daß sie in den Freimaurer- und Kapitallogen, die den Krieg in Europa finanzierten, den personifizierten Satan sahen.
Damit war der zweite Weltkrieg schon vorausprogrammiert. Jahrelang wurde im Geheimen an der Illusion gearbeitet, die Welt von einem Satan zu befreien und in einer Endschlacht den Triumph über das Böse zu erlangen, um das Tausendjährige Reich des Friedens mit der Rückkehr des Christus einzuleiten.

Die „Thulegesellschaft" machte im Geheimen große Pläne die Menschheit von der Kapitalverschwörung zu befreien. Sie sah in den Illuminaten und Freimaurerlogen und zionistischen Kapitalverbindungen eine Weltdiktatur, die es bis aufs Äußerste zu bekämpfen galt. Aber es sollte noch einige Zeit dauern, bis sie den geeigneten politischen Kandidaten fanden, mit dem sie an die Macht kamen.

Die „Thulegesellschaft" und mit ihr über 50 Organisationen, sowie der Hammerbund- und Germanen-Orden und die Heimwehr-Bewegungen waren es, die den Auftrag gaben, eine politische Partei zu gründen, um der gesamten Bewegung einen politischen Einfluß zu sichern. Durch die tiefe christliche und okkulte Prägung der „Thulegesellschaft", was soviel wie Atlantis-Forschungsgesellschaft hieß, suchten sie in alten Prophezeiungen, wann das „Dunkle Zeitalter" zu Ende gehen würde.

In seinen letzten Tagen offenbarte Christus eine Vorausschau über die kommenden Tage.
In diesen alten, geheimen Prophezeiungen sagte Christus seinen Jüngern vorher, daß das „Erlösungswerk" anfangs von einem Land ausgehe, in dem ein großer Führer namens *„Elias"* geboren wird, das jenseits der großen Berge liegt.
Indem er sich dabei umdrehte und auf den römischen Legionär *„Longistus"* zeigte, der ein germanischer Söldner war, glaubten die deutschen Logen aus dieser geheimen Offenbarung herausdeuten zu können, daß dieses Land *Germania* sei, daß die großen Berge die Alpenfestung sei, und daß dieser Führer bereits inkarniert war, der die Welt durch eine Endschlacht befreien sollte, um das „Tausendjährige Reich" des Friedens und die Rückkehr des Christus einzuleiten.
So interpretierte die Thulegesellschaft diese Rede von Christus:

...*„In tausend und nicht ganz tausend Jahren werdet ihr alle (damit meinte er 2.600 Essener Schüler, welche atlantische Nachkommen sind) zusammen mit Elias geboren, um der Welt militärisch die Befreiung zu bringen"*...

Die eigentliche Voraussage war, daß seine Lichtarbeiter, die sich seiner Arbeit verschrieben haben, in ca. 2000 Jahren kurz vor seiner Wiederkehr, geboren werden, um mit „Elias", welcher zur damaligen Zeit „Johannes der Täufer" war, die

Wiederkunft Christi und das Evangelium des Lebens erneut zu verkünden, um die Endzeit anzukündigen.
In dieser geheimen Offenbarung war die Rede, daß die Macht dann von den jüdischen Bruderschaften genommen werde. Damit war jedoch nur die geistige Führungsrolle gemeint, die einem anderen Land gegeben wird. Die Thulegesellschaft jedoch identifizierte sich mit der Weltretterrolle, die Menschheit von dem Bösen zu befreien und nahm diesen Anspruch als Kernsatz ihrer antisemitischen Lehren. Als dann diese Sekte, mit dem zweiten Weltkrieg, die Welt von der atlantischen Freimaurerschaft befreien wollte, glaubten sie, daß sich ein Teil dieser geheimen Prophezeiung erfüllen würde.

Der Bruderkrieg der zwei Priesterkasten von Atlantis wurde durch die Thulegesellschaft vor dem zweiten Weltkrieg neu entfacht. Die Mitglieder hielten sich für die Wiedergeburt der Jünger Christi, die den Befreiungskampf gegen die jüdischen Logen führten. Jedoch waren diese Seelen des Dritten Reiches eine andere Bruderschaft aus *Babylon*, welche die Macht verloren hatten, die Brüder aus *Aghartie*, die ihre letzte Hochkultur in Babylon gegen die hebräischen Priester verloren.
So war der 2. Weltkrieg eine Fortsetzung des atlantischen Bruderkrieges und Karmas, denn das größte Geheimnis ist, daß in Wirklichkeit das jüdische und germanische Volk aus einer gemeinsamen atlantischen Vergangenheit hervorgegangen sind.
„*Churchill*" und „*Roosevelt*" waren die Führer der Freimaurer-Bruderschaft und „*Hitler*" der Führer des Thule-Ordens und Ehrenmitglied des Neutempler-Ordens.

Mit der Prophezeiung, daß bei der Rückkehr des Christus *der Schlange der Kopf zertreten wird*, war nicht die gewaltsame Zerstörung der Freimaurer und Illuminaten gemeint. Damit war die Rückkehr des inneren Kosmos, der Christuskräfte, die Entmachtung der weltlichen Mächte durch die Überwindung der Polarität im Menschen, gemeint.

Wenn der *Adler* gelandet ist, damit ist die Raumbruderschaft gemeint, wird es keine weltliche Macht mehr geben, da von nun an nur noch aufgestiegene, bewußte Menschen, welche die Auferstehung mitgemacht haben und wieder an die innere Wahrheit angeschlossen sind, auf Erden leben.
Die Rückkehr des Christus ist also die Offenbarung des planetarischen Geistes im Menschen, aus der er die ganze Wahrheit selbst lesen kann, und so können wir vielleicht nur ahnen, daß auch die Apokalypse zum Großteil nur im Geiste des Menschen stattfindet und nur ein Teil im Äußeren passieren wird. Die wahren Lichtkinder und Jünger Christi sollten erst viel später geboren werden, und ihre Aufgabe ist, mehr die Heilung der Erde durch die Überwindung der Polarität, als Kriege zu führen.

Die Thuleorganisation glaubte daran, daß das neue „Goldene Zeitalter" schon begonnen hatte und *„Elias"* und die großen *Seelen aus Atlantis* schon geboren wären, um die Welt von den „Dunklen Mächten" zu befreien.
Als dann *Dietrich Eckart, Rudolf v. Sebottendorf* und seine Anhänger mehrere spirituelle Medien befragten, wurde ihnen aus der Astralwelt der junge Gefreite „Adolf Hitler" genannt.

„Adolf Hitlers" okkulte Vergangenheit begann schon in seinen Studienjahren in Wien. Er las *Nietzsches* „Übermensch", studierte die Geheimlehre *„Helena Petrova Blavatskys"*, die geheime *„Johannes-Offenbarung"* und besuchte regelmäßig die Vorträge von *„Guido von List"*.
Er war nachweislich Abonnent einer okkulten Zeitschrift von *„Lanz von Liebenfels"*, in der schon der ganze „Rassenwahn" männlicher Sonnenkosmologien und das Ariertum verherrlicht wurde.

Den Höhepunkt seines spirituellen Ego fand er in den germanischen Sagen des „Nibelungenliedes". In Wien braute sich schon sein Wunsch zusammen, die Welt als *„germanischer Messias"* von den dunklen Mächten zu befreien.
Als dann die „Thulegesellschaft", durch den Räteputsch mit den Offizieren der Freikorps, die Kommunisten aus München vertrieben, kam es zu einer ersten Begegnung zwischen *„Hitler"* und der *„Thulegesellschaft".*

Der einzige Beweis dafür, daß Hitler schon in der Bewegung der Thulegesellschaft mitgearbeitet hatte war, daß sein Soldbuch von Lech (um 1919) mit seinem Wohnort in der Thierschstraße in München versehen war, welche zu jener Zeit die Hochburg von *„Rudolf v. Sebottendorf"* mit seinem esoterisch-völkischen Blatt „Der Völkische Beobachter", die Zentrale der Thulegesellschaft war. Hitler hat also in den Räumen der Thulegesellschaft gewohnt.
„Erich Ludendorff", welcher ihm schon vor dem 1. Weltkrieg bei der Mobilmachung durch seine Empfehlung half, als „Österreicher" in die Deutsche Armee aufgenommen zu werden, half ihm auch diesmal und verbürgte sich bei der Thulegesellschaft, daß Hitler schon in Wien in den Kreisen des Neutempler-Ordens bekannt war und sich bei den Treffpunkten der Baronin „Thaler", mit esoterischen Studien beschäftigte.
Von *„Dietrich Eckhart"* wurde er in sein bestimmtes Schicksal eingeweiht und glaubte fest daran, dieser inkarnierte Führer aus Atlantis zu sein. Die Ziele dieser Sekte wurden natürlich geheimgehalten.

„Hitler" wurde als *„Elias"* verehrt, sein Heilsgruß, auch „AVE" genannt, ist der Gruß der Götter. Das Hakenkreuz war das seitenverkehrte Symbol von Atlantis.
Das Hakenkreuz *linksdrehend* bedeutet - die Auferstehung der Seele, der Aufstieg zum „Goldenen Zeitalter".
Das Hakenkreuz *rechtsdrehend* bedeutet - der Abstieg der Seele ins „Dunkle Zeitalter".

Die „Thulegesellschaft" wollte die Auferstehung von Atlantis und das Tausendjährige Reich, das von Christus prophezeit wurde, mit Gewalt herbeiführen. So war es kein Wunder, daß sie das Zeichen des Abstiegs des „Dunklen Zeitalters" verwendeten. Adolf Hitler wurde als *„Erlöser"* von 50 pseudo-religiösen Gruppen verehrt und an die Macht gebracht und kein Mensch konnte wissen, daß er einer der letzten Herren und Meister der „Dunklen Bruderschaft" aus Atlantis selbst war, der sie zur dunklen Seite der Macht führen sollte.
Erstmals in der Neuzeit kam eine esoterische Sekte mit all ihren Untergruppierungen und Strömungen an die Macht, die im Verborgenen mit ihrem Okkultismus und ihrer Massenmagie in einer eigenen Welt lebten und nur ein Ziel hatten, eine andere Sekte zu entmachten, die bis heute die Weltmacht in den Händen hält, die Freimaurer und Illuminaten.

Es ist sicher kein Zufall, daß sich die germanische Loge wie auch die Freimaurer-Loge, die sich beide für die von „Gott Erwählten" hielten, die Menschheit zu führen, mehr die Verführer waren, als die Erwählten. Und wenn man hinter die Kulissen schaut wird man herausfinden, daß beide Kräfte die alten Strömungen des okkulten Krieges von Atlantis waren, die sich in neuinkarnierter Form wieder als Bruderschaften gegenüberstanden und sich gegenseitig beschuldigten, der andere sei die Schwarzmagierseite.
Der alte geistige Kampf zwischen *Shambhala* und *Aghartie*, der gegengepolten Bruderschaft aus Atlantis, erreichte im Äußeren mit dem zweiten Weltkrieg seinen Höhepunkt.

War diese gegengepolte Philosophie der Versuch von Aghartie, Shambhala zu entmachten?
War es nur eine geistige Philosophie, die sich hier gegenüberstand, oder war es die Polarität zweier unsichtbarer Kräfte, die schon seit jeher die Menschheit und ihre Bruderschaften medial beeinflußt hatten?

Denn zu jener Zeit tauchten unzählige völkisch-esoterische, mediale Schriften auf, die in geistiger Opposition zur Freimaurerei und deren Esoterik standen.

Und wiederum waren es geheimnisvolle Bruderschaften, die das Ganze in München durch die „Thulegesellschaft" etablierten.
Von *„Rudolf v. Sebottendorf"* eingeweiht, durch die türkische Freimaurerei und *„Karl Haushofer"* eingeweiht und durch das „Japanische Königshaus", welches er vor dem ersten Weltkrieg besuchte. Erst als ihr Vorhaben die deutsche politische Bühne betrat und die „Okkultisten" die politische Macht in Händen hielt, wurde die Thulegesellschaft aufgelöst und ein noch viel geheimerer „Thule-Führungskreis" gebildet. Dieser machte sich, Jahre bevor der Krieg begann, mit geheimen Expeditionen auf die Suche nach der geheimen Hochzivilisation von *„Shambhala"* und *„Aghartie"* im Innern der Erde.

War vielleicht auch dieser Krieg von vornherein von Freimaurern und Illuminaten geplant oder unterwandert, und die Gegenströmung durch ihre Hände der Kapitalmanipulation vollzogen, in ihrem Plan des zweiten großen Krieges aufgegangen? Oder waren die Hüter des Weltenkarmas aus *Shambhala* und *Agharties* die Führer beider Seiten, der *Illuminaten* und der *Nazis*, um das Karma von Atlantis zu inszenieren?
Ein Mysterium jedenfalls war, daß dies nach der Endschlacht um Berlin war und dort Hunderte von Leichen von Tibetanern in nächster Nähe der Führungskräfte der Nazis gefunden wurden.

Ein weiteres Mysterium bleibt die Flugscheibentechnik, die auf eine Inspiration einer außerirdischen Hochzivilisation hindeutet.
Sollte der *„Speer des Schicksals"*, was symbolisch die geistige Führungsrolle der Menschheit ist, an die Deutschen

weitergegeben werden? Warum zogen sich geheime U-Boot-kolonnen Richtung Südpol und Argentinien zurück, unter denen angeblich auch „Hitler" und „Eva Braun" und andere geheime Mitglieder der Thulekreise waren?

Die Zeugen wurden beseitigt. *„Rudolf v. Sebottendorf"*, von dem es nicht einmal ein Bild gibt, wurde angeblich in der Türkei ermordet, und *„Haushofer"* hat angeblich mit seiner Familie Selbstmord begangen.
Ein alter Trick der Freimaurer war es, immer seine Gegner zu unterwandern. So gibt es Gerüchte, daß *„Rudolf v. Sebottendorf"* von den Freimaurern ausgebildet wurde, um den Germanenorden in eine militante Aktionsgemeinschaft umzupolen. Denn die Meister der Freimaurer Loge wußten, daß der Kampf gegen sie die ganze germanische Bewegung zum Kippen brachte und sie wußten, daß man die dunkle Seite nur durch friedliche Opposition und Aufklärung besiegen kann und niemals mit Gewalt!
Und alle Seelen, die mit der einen oder anderen Seite zu tun hatten, wurden in das Spiel der *Führer* und *Verführten, Macht* und *Ohnmacht, Täter* und *Opfer,* wieder hineingezogen.
So sind alle Menschen im Innern das, was sie nach außen bekämpfen, weil sie es im Innern verdrängt haben oder weil es ihr Karma war, an diesem *Opfer- und Täterspiel* teilzunehmen.

Viel hat sich bis heute nicht verändert. Alle, die heute nach Macht streben, werden von den Kapitallogen, weil sie Geld für ihre Macht, ihre Armeen, Kriege und ihre Interessen brauchen, durch Kredite manipuliert.
Der dritte große Krieg stand auch damals schon in den Papieren der *„Weisen von Zion".*

Auch er soll wieder in Deutschland und Europa stattfinden. Wir sind gespannt, wer diesmal als Werkzeug dient - ein *russischer* Diktator oder ein *moslemischer* Diktator - der die Welt erneut von den Illuminaten befreien möchte. Schon gibt

es in allen Buchgeschäften und speziell wieder in den moslemischen Ländern, im Irak und Iran, unzählige Schriften über den *Imperialismus* und die *zionistische Freimaurer-Verschwörung* und das Christentum wird als das „*Böse*" verkauft.
Es ist nur eine Frage der Zeit, bis dort ein spiritueller Führer geboren wird oder schon ist, der vielleicht den zwielichtigen Krieg gegen den Irak miterlebt hat und sich in naher Zukunft aufschwingt, durch die Inspiration der Verschwörungsliteratur, mit einem „Heiligen Endkampf" und einem Atomdisaster, die Welt und die Moslems von dem Bösen, der Weltverschwörung und dem Christentum zu befreien.

Die Menschheit könnte sich dies sparen, wenn sie die Polarität überwindet. Die „Egospiele" wiederholen sich solange es noch Menschen gibt, die glauben, die Welt kann man durch Macht, Gesetze und Kriege im Äußeren ändern, und solange wird es auch den „*Wolf im Schafsfell*" geben, der die Menschen verführt. - *Jeder kann nur sich selbst führen* -

Erst wenn der Mensch alle Autoritäten in sich und im Äußeren sterben läßt, wird er den ersten Schritt zur Selbständigkeit machen. Denn alle politischen und religiösen Führer sind *Verführer*.
Die Welt mit Gewalt ändern zu wollen oder einen Menschen mit Gewalt verändern zu wollen, ist der Anfang, sich von des Lebens perfektem Urgrund zu trennen, und erschafft neues Karma. Das Leben gleicht sich immer selbst aus und braucht keinen menschlichen Karmavollstrecker.
Jemanden zu beschuldigen oder Schuld zuweisen ist die Neuprogrammierung von Karma. Eine neue Schuld, die er in diesem oder dem nächsten Leben wieder zu begleichen hat.

So ist es eine traurige Wahrheit der karmischen Schicksalskräfte, wenn die Welt eines Tages erfährt, daß der „*Holocaust*" am jüdischen Volk indirekt von ihren eigenen Logen finanziert wurde.

Der Finanzminister *„Schacht"*, aus dem dritten Reich, brachte die Gelder für die Aufrüstung und „Hitlers" Aufstieg nicht nur von der deutschen Industrie, sondern der größte Anteil kam durch geheime Geldtransaktionen über Schweizer Bankkonten.
Illuminaten und jüdisches Großkapital brachten über „Strohmänner" 120 Millionen US Dollar um Hitler an die Macht zu bringen. So war „Hitlers" Revolution gegen die dunklen Mächte im Äußeren eine Diktatur, sein Kampf gegen seine eigene Dunkelheit.

Alles, was wir bekämpfen ist ein Spiegel von uns selbst, um zu erkennen, wo in unserem Leben noch bedingungslose Liebe fehlt - *unser Leben spiegelt uns, wer wir sind.*
Das bedeutet nicht, daß wir das erkannte Negative auf dieser Welt immer und immer wieder wiederholen, es heißt, daß wir es erkennen, es so zulassen wie es ist, und ihm dadurch die Kraft entziehen, daß wir kein Bewußtsein darauf richten, im vollen Urvertrauen, daß sich jeder selbst richtet. Wir haben einen Verstand entwickelt und können bei jeder Handlung wieder neu entscheiden, was wir tun.

...*„Tue keinem etwas an, was Du Dir selbst nicht antun würdest, denn Dein Gegenüber ist ein anderes Du selbst der kosmischen Quelle."*

Der Weg der kleinen tausend Schritte in seinem eigenen Leben ist der Weg an seinem Ego zu arbeiten, zu untersuchen, wo haben wir noch unsere eigenen dunklen Seiten zu erkennen. Wir können nur als lebendes Beispiel im Kleinen die Welt in uns und durch unsere Taten verändern.

Wenn der Mensch auf der Straße einmal verstanden hat, daß die wirkliche Macht und Verantwortung im täglichen Leben und bei der Arbeit an *sich selbst* beginnt und er darüberhinaus verstanden hat, daß es entscheidend ist,

welche Produkte er kauft und benutzt und nicht welche Partei er wählt, wird die Revolution von innen her kommen.
Wirkliche Lichtarbeit ist, alles Negative dieser Welt durch die bedingungslose Liebe zu erlösen.
Wir haben die Kraft alles Negative zu verwandeln, indem wir im Kern jedes noch so Negativen den übergeordneten kosmischen Plan sehen, denn im Kern ist die allverbundene Kraft, die alles wandeln kann. Dann werden wir alles verwandeln, denn die innere Kraft, mit der wir uns verbinden, polt dann das Negative um. Wirkliche Liebe stellt keine Bedingungen auf Veränderungen - *sie ist.*

DIE HÜTER DER SCHWELLE

In jedem Zeitalter wurden die im Abstieg befindlichen „Gottmenschen" wiedergeboren und führten die Menschen einen Schritt weiter, indem sie geniale Inspirationen und Erfindungen freisetzten.

Die verschiedenen Bruderschaften und heimlichen Kasten wurden immer wieder von diesen erleuchteten Menschen inspiriert.
Die Bruderschaften, die hinter allen Religionen und Staatsformen die Führung in den Händen hielten, waren mit ihrem Denken jenseits der Polarität.
Sie hatten das Wissen über die 5. Dimension, das Verständnis der Polarität, erlangt.
Sie wußten, daß jeder Mensch und die Menschheit als Ganzes die Polarität aus seiner ursprünglichen Entwicklung selbst überwinden muß.

So waren die negativen Kräfte immer die Hüter der Schwelle zu einem neuen Bewußtsein. Erst wenn der Mensch verstanden hat, daß es gar nichts Negatives gibt, sondern daß das Negative die jeweilige Opposition eine gegengepolte Energie ist, die er lernen muß zu integrieren, wird er frei werden und Schritt für Schritt höher steigen.
Das *Positive und das Negative* sind ein fester Bestandteil der Schöpfung und können nicht verdrängt werden. Es kann nur *beides* integriert werden. Der negative Pol sorgt für die Bewegung der Entwicklung und ist immer der göttliche Teil von Energie, der den Plan Gottes und die in Entwicklung befindlichen Seelen auf ihrer Reise der Erfahrungen vorwärts führt.

Ohne negative Ereignisse würde die Schöpfung stillstehen, weil kein Lebewesen bereit wäre, auch nur einen kleinen Schritt neue Erfahrung zu gehen.
Ohne negative Erfahrungen würde der Mensch niemals das Gute schätzen lernen und die Tugenden der Weisheit entwickeln.
Die Integration beginnt bei den Menschen, die jeweils eine gegenteilige Meinung haben und endet bei Regierungen und Länderinteressen internationaler Fragen. Es kann niemals heißen entweder oder, sondern immer nur - *sowohl als auch*.

Der dunklen Seite der Macht in uns und in der Welt gibt man nur Kraft, wenn man ihr im Bewußtsein Existenz gibt, sie bewertet und ablehnt. Transformation kann also nur *im Inneren* eines Menschen stattfinden, niemals im Äußeren.
Man kann also nur *sich selbst* ändern, dann ändert sich auch die Welt im Äußeren.
So ist jede Revolution im Äußeren schon von vornherein verloren, da die „Herren der Revolution" später selbst wieder die „Diktatoren" dieser Welt sind.

Das Schlimmste, was der Menschheit passieren kann, ist ein spiritueller Führer, der nach weltlicher Macht strebt und nur die Hälfte verstanden hat, bevor sich sein Ego der göttlichen Führung übergeben hat. Falsch verstandene Esoterik führt immer zur *dunklen* Seite der Esoterik - *dem Okkultismus*, denn dann wird ein okkultes Superego geboren, wo nur ein Mensch sich als Gott sieht und alle anderen Menschen wieder Untermenschen sind.

Der okkulte Krieg aus Atlantis erreichte seinen Höhepunkt durch den zweiten Weltkrieg. Der Neutempler-Orden sah in den Illuminaten und Freimaurer-Orden den „Antichrist" und die Illuminaten und Freimaurer sahen in dem Neutempler-Orden und den Nazis den „Antichrist".

Heute dürfte jedem klar sein, daß Gott in *jedem* Menschen wohnt und daß es, sich für den „Erwählten" zu halten - sei es für eine Religion, eine Rasse, eine Nationalität oder Hautfarbe - immer der Beginn einer menschlichen Tragödie ist. Einen gottverwirklichten Menschen erkennt man nicht an der Hautfarbe, an der Rasse, an seinem Äußeren, sondern nur an den Tugenden seiner Liebe, Weisheit und Kraft, die er immer vereint hat.

Alle Rassen kamen einst von den Sternen und sind das „Volk Gottes", denn sie alle tragen den Samen Gottes in sich und der Tiermensch hat sich durch Tausende von Leben, durch die Überwindung der tierischen Eigenschaften, zum wirklichen Menschen entwickelt.

SWASTIKA
Atlantisches Hoheitszeichen aus Sanskrit übernommen, mit dem Gott Ganescha, der der Bruderschaft von Aghartie zugerechnet wird.

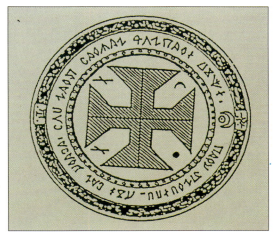

Das Siegel des Neutemplerordens von Lanz u. Liebenfels. Hitler war Schüler im ONT.

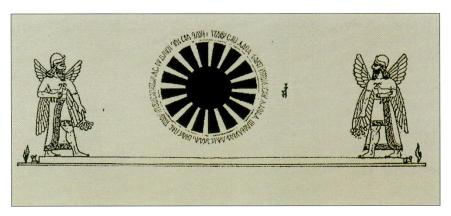

Das Siegel der Herren der schwarzen Sonne (Himmlers Schwarzer Geheimorden). Inspiriert von Aghartie.

Geheimes Zeichen der Illuminaten und Freimaurer ist der Obelisk, der in allen Städten Europas zu finden ist.
Wo immer der Obelisk auftaucht, war die Bruderschaft am Werk.

Grafik:
Geheime Weltregierung der Illuminaten. Symbole, die auf das Wirken dieser Bruderschaft hindeuten - Davidstern, Zirkel und Winkelmaß, Allsehendes Auge.

Der *Deutsche Lessing Orden*, eine der höchsten Auszeichnungen nach dem 2. Weltkrieg, mit dem Davidstern und dem Zirkel, weist darauf hin, daß die deutsche Politik wieder voll im Griff der Bruderschaft ist.

Christliches Bild:
Gottvater und Sohn aus Kirchenmalereien.
Die Pyramide und das Zepter bedeuten, daß die Freimaurerlogen die Gründer und Erfinder der Religion sind.

Bild aus der Atlantischen Mythologie.
Gottmenschen und Tiermenschen im Endkampf (der weiße Kalkireiter).

Bild zeigt einen habräischen Meister der Loge mit der Bedeutung: "So oben wie unten".

Bild zeigt Freimaurer Symbol mit dem Spruch: "Wir sind die Gründer der Religion".

Bild zeigt *TETRAGRAM* mit dem Zirkel und dem Winkelmaß der Freimaurer.

Graf St.Germain mit Bruderschaftszepter.

Rosenkreuzer Meister Treffen mit Tempelritter

Adolf Hitler verstand sich als Weltretter und wollte das Freimaurertum stürzen.

Guido von List, 1910. Gründer des Armanenordens (Ario-Germanen).

Tafel zur Deutung der Glyphen in den magischen Quadraten.

Auf Grundlage von G.-L.-B. Nr. 5, „Bilderschrift der Ario-Germanen".

 Ruothkreuz; aufgelöst: 1. ⊕, 2. ⊕, 3. ⊕, 4. ⊕

1. ⊕ ⌐ ↵ ⵂ = Askfyrtel = Entstehung des Lebens.

2. ⊕ ⌊ ↱ ⵂ = Schwanfyrtel = Schwindendes Leben.

3. ⊕ ⌈ ↳ ⵂ = Vidrirfyrtel = Nahendes Ende, Sterben.

4. ⊕ ⌝ ↲ ⵂ = Morfyrtel = Schwindender Tod, Wiedergeburt.

卍 = ⌐⌙ = Fyrfos, Wirbel des Lebens, Schicksal.

❀ = Fyrpaß, Lebensgang.

Guido v. List's Ostarrede.

Boyer v. Berghof, Baron Skal, Maler A. Blamauer, Rudolf Janko, Dr. Schugg, Heinrich Franz Lang, Dr. Walter Fellner und Guido v. List. Den Zweck und die Ziele dieser Zusammenkünfte faßte Meister List in einer Eröffnungsrede zusammen, die wir ihres reichen Gedankeninhaltes wegen hier zur Gänze wiederholen. Sie lautete:

Treugeliebte Ario-Germanen! Armanheil zuvor!

Im Jahre 1908 habe ich mein Buch „Die Armanenschaft der Ario-Germanen" mit folgendem Satze geschlossen:

„ " „Noch fliegen die Raben um den Untersberg, in welchem der Armanengeist seiner Wiedergeburt entgegenstrebt, aber die Zeichen mehren sich und lassen es erkennen, daß die Zeit nahe ist, in welcher dessen Tor sich öffnen muß für den Emporstieg des Wiedergeborenen, für den „Starken von Oben", der da kommen wird, um mit schlichtenden Schlüssen den Streit zu beenden, um die erneuete Armanrita allen Völkern zu geben für die kommende, die werdende Zeit.

Wir stehen vor der Morgen-Götter-Dämmerung des arischen Geistes, schon heben sich die Nebel, schon will sie emporsteigen die Waberlohe, welche die neue Sonne gebiert." " "

Und in meinem, im Jahre 1911 erschienenen Buche,

Die Armanenschaft der Ario-Germanen, Zweiter Teil

begann ich die Vorrede mit folgendem Satze:

„ " „In vielen Tausenden von Reden, Liedern, Versammlungen und Festen, in schier unzählbaren Abhandlungen,

Auszüge aus dem Buch der Guido v. List-Gesellschaft und der Ariogermanen. Wahrscheinlich 1906 die Inspirationsquelle für Hitler in Wien, sich als den Führer und ariogermanischen Messias zu sehen.

Wer ist der Starke von Oben?
Von Guido v. List.*)

In allen Prophezeiungen des Altertums tritt uns am Ende, nachdem die letzten Kämpfe und der Untergang der entarteten Menschheit geschildert sind, die Gestalt eines rettenden Gottes entgegen, der einer sich neubildenden Menschheit auf verjüngter Erde ein erneutes goldenes Zeitalter bereiten soll, nachdem all das Dunkle und Schlechte des versunkenen alten Menschengeschlechtes verschwunden und getilgt sein wird.

Das ist der Grundton aller Prophetien und nur in Nebendingen, die durch die verschiedenen Religionsauffassungen bedingt sind, weichen die auf uns gekommenen Prophezeiungen von einander ab. So finden wir diese Vorhersagungen unter vielen anderen auch schon im Daniel, im Henoch, im Ezechiel und der Apokalypse ebenso wie in den (kirchlicherseits verfälschten) Sybillinischen Büchern, aber auch in unserer ariogermanischen Edda, der uralttheiligen „Armanenbibel", in der es heißt:

„Und es kommt ein Reicher zum Ringe der Rater,
„Der Starke von Oben" beendet den Streit,
mit schlichtenden Worten entscheidet er alles;
währen wird ewig, was er gebeut!"

(Edda, Wölu-spa. 63)

Es liegt nun ganz selbstverständlich im Grunde der Sachlage, daß der Gläubige irgendwelchen Religionsystemes in „dem, der da kommen soll" seinen Religionsstifter

---
*) Zuerst veröffentlicht in der „Prana", VII. Jahrgang, Heft 4/5, 1917. (Siehe Seite 237 dieses Buches.)

Wer ist der Starke von Oben?

erwartet, und es ist im exoterischen Christentum daher eine unbestrittene Annahme, daß Jesus Christus leiblich erscheinen wird, um die neue Herrschaft anzutreten und die Verheißung zu erfüllen.

Wer aber den kosmischen und namentlich den astrologischen Hintergrund aller dieser Prophezeiungen erkennt, wird wohl schwerlich eine **physische Einzelpersönlichkeit** in „dem, der da kommen soll" erwarten, sicherlich aber an eine göttlich-geistige Kraftquelle denken, die nach all den Greueln, die wir in der Gegenwart erleben und die sich mit deren Vorhersage nur allzugenau decken, wie ein Frühlingssturm einsetzen wird, um das düstere Dämonengewölk des Winters zu verjagen, denn er „weiß" es (und braucht es darum nicht zu „glauben"), daß alles Geschehen im Kosmos sich nach urewigen Gesetzen (dem Natur-Ur-Gesetze!) richtet, und zu diesen Gesetzen auch das Gesetz der Gleichartigkeit (Analogie) gehört. Es ist eben nicht nur eine Redeblume, wenn vom „Völkerfrühling" oder „Völkerwinter" gesprochen wird, wenn auch die — bisher — damit bezeichneten Zeitabschnitte im Völkerleben nicht immer damit richtig benannt wurden, da sie meistens nur den Wert eines Frühlings- oder Winter t a g e s oder eines Zeitengewitters hatten.

Ganz anders liegt aber die Sache im gegenwärtigen Weltbrande, da alle auf Grundlage tiefergründeter kosmischer und astrologischer Gesetze gemachten Vorhersagen sich rechnerisch erweisen lassen, die als Resultat nach Mond- und Sonnenjahren und den nötigen Korrekturen die Jahre 1914, 1923 und 1932 ergeben, mit welchen Jahresangaben aber überhaupt die Prophetien schließen, womit eben die Zeit der Herabkunft von „d e m, d e r d a k o m m e n s o l l", die Zeit der Herabkunft des „S t a r k e n v o n O b e n" ziffernmäßig festgelegt erscheint.

Ohne auf die besondere Bedeutung der Jahre 1914, 1923 und 1932 an dieser Stelle näher einzugehen, um unsere Studien nicht zu unterbrechen, sei nur betont, daß noch vor

Wer ist der Starke von Oben?

Eintritt des Jahres 1932 der Zeitpunkt fallen wird, in dem der „S t a r k e v o n O b e n" zu erwarten ist. —

Wir haben es schon oben gesagt, daß jener „S t a r k e v o n O b e n" keine physische Persönlichkeit, kein wiedergeborener Gott oder Volksheros, z. B. Kaiser Friedrich Rothbart (Kyffhäusersage), sondern e i n e g ö t t l i c h - g e i s t i g e K r a f t q u e l l e sein wird, die sich der Volkspsyche bemächtigen, sie mit hoher Begeisterung erfüllen und mit sich fortreißen wird, um sie zu ganz ungewohnten Taten zu führen. Es ist ganz und gar selbstverständlich, daß dieser Begeisterungsbewegung die geeigneten Führer erstehen werden, aber keiner derselben, und mag er auch noch so bedeutend und groß sich erweisen, kann als jener „S t a r k e v o n O b e n" gelten, denn die ganze Begeisterungsschar, die wahrscheinlich das ganze deutsche Volk selber sein wird, diese ganze große Menge an und für sich wird eben „d e r s e i n, d e r d a k o m m e n s o l l", nämlich der „S t a r k e v o n O b e n"!

Schon empfinde ich das überlegen-spöttische Lächeln der „Aufgeklärten", höre sie, wie sie mich einen „Utopisten" nennen und ungeheuer klug und verständig es erörtern werden, wie es ja nicht ausgeschlossen sei, daß „auch" nach diesem Weltbrande sich ein „Aufschwung der Geister" einstellen könne, selbstverständlich in der Art eines „volkswirtschaftlichen Aufschwunges" — wie „erfahrungsgemäß" nach jedem Kriege —, daß es aber wohl mehr als nur Zufall sein müßte, wenn das in einem Begeisterungstaumel vor sich gehen sollte, der das ganze — wohlgemerkt das ganze! — Volk ergriffe! — — —

Wir haben schon oben auf das Natur=Ur=Gesetz hingewiesen sowie auf das Gesetz der Gleichartigkeit (Analogie), das eben klipp und klar beweist, daß das Geschehen im Kosmos sich nach einem und demselben Gesetze regelt.

Wie im Ringlaufe eines gewöhnlichen Erdenjahres die Jahreszeiten in regelmäßiger Folge sich einstellen, so stellen

Wer ist der Starke von Oben?

sich ebenso regelmäßig dementsprechende Zeitenabschnitte des siderischen oder Sonnenjahres ein, wie ich das schon ausführlich in meinem Werke „Die Ursprache der Ariogermanen", Seite 20, 22, 26, 27, 28 und 34 und a. a. O., ausgesprochen habe. Diese Regelmäßigkeit läßt sich aber an dem Zodiakalgürtel, der unser Sonnensystem umschließt, mit großer Genauigkeit abmessen, sowohl was die Vergangenheit, wie auch, was die Zukunft betrifft; denn genau so, wie wir es wissen, daß im Dezember der Winter mit seinen Stürmen, im März das Frühjahr usw. zu erwarten ist, mit der gleichen Sicherheit sind auch die siderischen Jahreszeiten mit ihren astralen Machtströmungen im vorhinein bestimmbar, woraus sich eben sichere Schlüsse auf die Entwicklung wie die Ausgestaltung der Schicksale der Völker ziehen lassen. —

Wie wir also im Erdenjahre die Frühlings- oder Äquinoktialstürme eintreten sehen, ebenso erkennen wir auch im siderischen oder Sonnenjahr — das an Dauer der Zeit von 25.868 Erdenjahren entspricht — die ganz gleichen Strömungen nach kosmischen und astralen Gesetzen an den Grenzen der siderischen Jahreszeiten. Die Epoche des gegenwärtigen tobenden Weltbrandes entspricht eben jener siderischen Äquinoktial-Sturmperiode; denn wir sind im Begriffe, die Schwelle zu überschreiten, die uns die Pforte zum siderischen Frühling eröffnet.

Der siderische Winter ist im Schwinden begriffen. Die letzten Reste der Eiszeit — unsere europäischen Gletscher in den Alpen — schrumpfen zusammen und werden in kaum zwei Jahrhunderten vollkommen verschwunden sein, um einem erneuten kräftigeren Pflanzen- und Tierleben Raum zu geben; denn ein neuer Sonnenfrühling wird unsere alte Erde beglücken.

„Dann hebt sich die Erde zum anderen Male
in ewigem Grün aus dem Grunde der See . . ."
(Edda, Wölu-spa, 57.)

Wer ist der Starke von Oben?

Mit diesem siderischen Frühlingserwachen unserer Erde wird auch, wie es ganz selbstverständlich erscheint, ein neuer Frühlingshauch die verwinterte, gealterte Menschheit aufs neue beleben, und wie den Stamm des überwinterten Baumes im Beben der Äquinoktialstürme neuerwachte Säfte durchströmen, um ihn zum Knospen und Blühen zu treiben, ebenso werden erneute geistige Ströme den Volkskörper durchfluten, um ihn frühlingsmäßig zum Knospen, Blühen und Früchtezeitigen zu weihen. Und wie zur „Ostara"-Zeit (Ostern) — der Mythe gemäß — der Sonnengott mit der Erdengöttin sich hochzeitlich vereint, wie nach einer anderen Mythe zur selben Zeit Wuotan mit Frau Saga (Freya) im Sturzbach „Sökkvabekkr" die Seelen der Toten wieder mit deren Leibern bekleiden, um sie zu erneutem Leben im Menschenreiche zu führen, ebenso werden es die „**Wiedergeborenen der Schlachtfelder dieses Weltkrieges**" sein, die als der „**Starke von Oben**" in unserer Volksseele jenen Begeisterungssturm und -Drang erregen werden. —

Um das aber begreiflich zu machen, sei folgendes zur Begründung vorausgesandt:

Nach der armanischen Geheimlehre ist jedem Menschen eine ganz bestimmte Anzahl von Lebensjahren zugemessen, und es gilt als Lebensdauer die Zahl von hundert Jahren, nämlich 10×10 Jahre, weshalb man alle Glyphen, die 10×10 symbolisierten, die „**Heilszeichen der Vollendung**" nannte. — Wenn nun ein Mensch vorzeitig stirbt, so z. B. durch Verunglückung, in der Feldschlacht, bei einem Schiffbruch oder dergleichen, so wird er innerhalb kürzester Zeit wiedergeboren, um den Rest des ihm bestimmten Lebens auszuleben, ohne erst die sonst dem Tode folgenden Wanderungen durch die höheren Geistesebenen vornehmen zu müssen, an die er erst nach Vollendung der Gesamtdauer seiner Lebensjahre gebunden ist. Diese Gattung der — sagen wir — für ein Menschenleben „**Zweimal-**

G.-L.-B.: Einführungsband: Guido v. List.

Wer ist der Starke von Oben?

geborenen" oder zum „zweitenmal Geborenen" bringen aus dem Grunde, weil ihr Körper zur Zeit ihrer zweiten Geburt noch nicht vollkommen aufgelöst ist, dunkle, aber oft sogar sehr klare Erinnerungen an ihr vorhergegangenes Leben, namentlich an das Wie und Warum ihres Sterbens, mit in ihr Leben nach der zweiten Geburt, welches Phänomen sehr oft an ganz jungen Kindern beobachtet wurde. Aus Unkenntnis der Ursache wurden derartige Kinder als „träumerisch veranlagt" bezeichnet, und erzieherischer Unverstand unterdrückte gewaltsam — oft sogar sehr barbarisch — solch traumhaftes Wesen nach und nach mit Erfolg; denn gezwungen vergaßen jene armen gemaßregelten Kleinen ihre vorgeburtlichen Erinnerungen oder verschwiegen sie, um unverdienten Peinigungen zu entgehen. Diese oft bezeugten, trotzdem aber nicht allzuhäufigen Erscheinungen,*) lassen es erklärlich sein, daß ihrer nicht sonderlich geachtet wurde. Anders aber wird es in den nächsten Jahren sein! — Die ungewohnte, außerordentlich große Zahl der Gefallenen im gegenwärtigen Weltkriege wird in allernächster Zeit eine sich immer mehrende Menge von Wiedergeburten solcher Gefallener bringen (ja viele mögen sogar schon heute als Säuglinge leben), und sehr bald werden die sich mehrenden Beobachtungen ihrer träumerischen Veranlagung Aufsehen erregen und sich in den nächsten Jahren derart mehren, daß sie nicht mehr unbeachtet bleiben können und einsichtige Pflege werden

---

*) Wenn kleine Kinder, die noch nicht sprechen können, vor sich hinplappern, mit dem Blick in die Weite lächeln, so sagt die Amme, „der Kleine spiele mit den Engeln"; wenn das Kind oft erschrickt und scheu oder furchtsam in die Weite blickt, „so heißt es, daß es der Teufel oder böse Geister erschrecken". Alles das ist unbewußtes Erinnern an das vorgeburtliche Leben im Leibe und es sollte gepflegt, aber nicht gewaltsam unterdrückt werden, damit es im reiferen Alter der Forschung auf diesem dunklen Gebiete zugänglich bliebe und auch für das Ichleben des Betreffenden richtunggebend verwertet werden könnte.

Wer ist der Starke von Oben?

erfahren müssen.) Wenn wir nun die eingangs erwähnten Jahreszahlen 1914, 1923 und 1932 uns wieder ins Gedächtnis rufen, so dürften jene „**zu dem einen Leben zum zweitenmale Geborenen**" um das Jahr 1932 herum im Knabenalter von etwa 15—16 Jahren stehen, und wenn man ihre große Zahl in Anbetracht nimmt, dabei gerade die Begeisterungsfähigkeit dieses Alters erwägt, die ja durch die Erinnerung an den Größten und Heiligsten Krieg des Germanentums noch besonders gesteigert sein wird, so dürfte die Annahme, in dieser werdenden Generation den Brennpunkt jener Begeisterungs-Kraftwelle zu erkennen, nicht so ohne weiters von der Hand gewiesen werden.

Nehmen wir an — nur um eine Zahl zu nennen —, es wäre eine Million solcher Wiedergeborener zur gegebenen Zeit um 1932 vorhanden. Von dieser Million hätten nur fünfzigtausend es klar im Bewußtsein bewahrt, daß sie für Deutschlands Ehre und Leben ins Feld zogen und den Heldentod starben, etwa Dreimalhunderttausend es nur unbewußt im „dunklen Drange" fühlen, während der Rest die Erinnerung latent im Unterbewußtsein bewahrt, so werden doch die ersteren fünfzigtausend die Dreimalhunderttausend ungefragt mit sich fortreißen, aber auch der große Rest wird sich — ohne zu ahnen, warum — ihnen sofort anschließen, da auch diese durch das latente Erinnern in ihrem Unterbewußtsein sich dazu werden gedrängt fühlen. Es ist des ferneren aber zu selbstverständlich, als der besonderen Betonung noch zu bedürfen, daß der gewaltige geistige Einfluß, den diese Wiedergeborenen auf ihre Mitwelt ausüben werden, ihren Einfluß zu einem unwiderstehlichen ausgestalten wird, wodurch sich um ihren Kern die übrige Zahl der Volksgenossen ankristallisieren wird, bis ganz Ario-Germanien zu einem festgefügten Bund vereinigt sein wird, soweit die deutsche Zunge klingt!—

Daß diese Entwicklung der nächsten Zukunft sich also gestalten wird, liegt in der Logik der Erkenntnis der Ur-

Wer ist der Starke von Oben?

manenlehre wie in dem Erkennen der kosmischen, astralen und geistigen Gesetze, kurz des Natur-Ur-Gesetzes, das eine **bewußte göttliche Weltenlenkung** ja voraussetzt. Und eben **diese bewußte göttliche Welten- und darum aber auch Schicksals-Lenkung** wird auch dann dem deutschen Volke den richtigen Führer senden, wie es ihm ja auch heute in seinem herrlichen Wilhelm II., unserem jungen, tatkräftigen, begeisternden Kaiser Karl I. — den ich versucht bin, den wiedergeborenen Volkskaiser Joseph II. zu nennen — und den unvergleichlichen Hindenburg und Conrad von Hötzendorf für unsere Jetztzeit die richtigen Führer gewährte.

Aber nochmals sei es gesagt, nicht jener Führer, „**der da kommen wird**", ist der, „**der da kommen soll**", er ist nicht der „**Starke von Oben**", wohl aber von GOTT gesandt, während der „**Starke von Oben**" **die große Zahl der Wiedergeborenen der Schlachtfelder des Weltkrieges darstellen wird, nach dem Gesetze der „All-Ein-Ichheit", dem Großen Mysterium des Armanentums**.

Noch aber mag daran erinnert werden, daß dem Wuotanismus gemäß (der exoterische Teil des Armanentums, so zu sagen die Volksreligion, war der Wuotanismus) die in der Schlacht gefallenen Helden zu Einheriern wurden. Das waren der Volksvorstellung nach die Tafelgenossen Wuotans in Walhall, während alle anderen Toten Donar um sich in Thrudheim versammelte.

Die Wala fragt: „Wißt Ihr, was das (für Armanen, für Wissende) bedeutet?" — — —

Wir wissen es und können und wollen Rede stehen:

Die Einherier sind die in der Schlacht gefallenen Helden, die zum zweitenmale für das eine Leben (im Menschenleibe) kurz nach ihrem Heldentode wiedergeboren werden und durch die Gabe der Erinnerung an ihr letztes Leibesleben, an ihr

Heldentum und ihr Heldensterben, in ihrem zweiten Leben zu ganz besonderem ruhmvollen Tun vorbestimmt sind, so daß ihnen eben dieses zweite Leben vollen Ersatz für das Opfer ihres ersten Lebens bieten wird. — Deshalb sagt der Volksglaube und durch diesen gezwungen auch die Kirche, daß der Heldentod unmittelbar zur Seligkeit führe! —

Und weiter sagt der Wuotanismus, daß die gefallenen Helden von den „Walküren" nach Walhall gebracht werden.

Und wieder fragt die Wala: „Wißt Ihr, was das (für Armanen, für Wissende) bedeutet?" — „Wißt Ihr, wer jene Walküren sind?!" —

Wir wissen auch diese Sphinxfrage zu beantworten und wir wollen und können auch darüber Rede stehen:

Die Walküren sind jene beneidenswerten Frauen, die solchen gefallenen Helden, die zur zweiten Geburt für das eine Leben (im Menschenleibe) drängen, zu Müttern werden und mütterlich und walkürengleich in treuer Liebe deren Vorerinnern pflegen und zur Reife bringen, auf daß ihnen der verheißene Himmel nicht verloren gehe und es ihnen erspart bleibe, dunkle Irrwege auf dessen Suche zu wandeln!

Deutsche Väter und deutsche Mütter, seid dieser Mahnung eingedenk!

Die geheimen Symbole der Bruderschaften. Guido von List - "Das Geheimnis der Runen".

Das Geheimwissen von Guido von List.

Jörg Lanz von Liebenfels PONT.
Neutemplerorden

Ostara-Hefte Wien - Esoterisch, rassistische Schrift, die Hitler sammelte.

aTitelblatt des *"Ostara"*-Heftes 1, 1922, 2.Aufl. 1930

Sind Sie blond? Dann drohen Ihnen Gefahren! Lesen Sie daher die „Ostara", Bücherei der Blonden und Mannesrechtler!

Nr. 78

Die Blonden als Musik-Schöpfer

von J. Lanz-Liebenfels

Inhalt: Ursprung und Wertung der Musik, ihre sexuelle Wurzel, infibulierte Musiker, Rassenphrenologie und musikalische Befähigung, die süßlich sentimentalen Mittelländer, die realistisch-futuristischen mongolischen Lärmmacher, die Blonden als Erfinder der Musikinstrumente, Entwicklung der Harfe aus dem Bogen, die altarischen Saiten- und Blasinstrumente, die arische Musik im Altertum, die Germanen Ambrosius, Alkuin, Hucbald und Guido als Förderer der mittelalterlichen Musik. Die Blonden als Erfinder der Notenschrift und Mehrstimmigkeit, die melodischen und harmonischen Mysterien der mittelalterlichen Musik, die Trümmer einer versunkenen Musikwelt, die Niederländer, die Dunkelrassen als geistige Diebe und Verfallsmusiker, Rassenanthropologie der bedeutendsten alten und neuesten Musiker, Notenbeispiele alter Musik: Harmonisierung des Adventhymnus von St. Ambrosius.

Verlag der „Ostara", Mödling-Wien, 1913
Auslieferung für den Buchhandel durch
Friedrich Schalk in Wien.

Preis: 35 Pf. — 40 H.

Titelblatt eines *"Ostara"*-Heftes.

Titelblatt der *"Theozoologie"* des Lanz aus dem Jahre 1904.

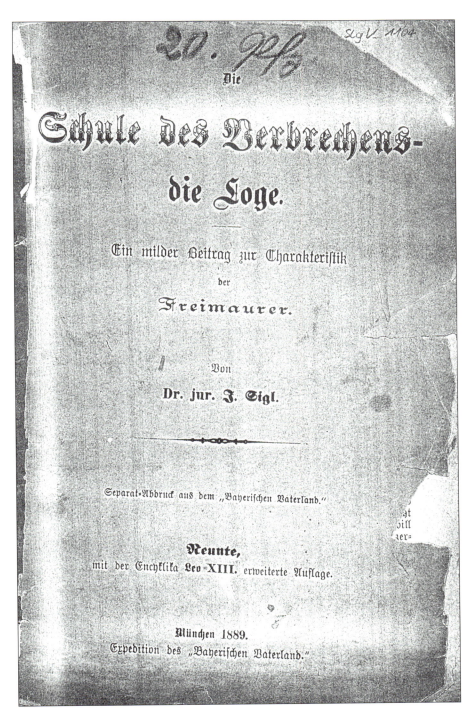

Die ersten antisemitischen Schriften 1889 gegen das jüdische Freimaurertum.

5. Jahrgang Nr. 4/5.   Oktober/November 1912.

Vertrauliche Mitteilungen.

Herausgegeben für die Brr. des F. Z. A. S.

vom

Bundessekretariat.

Als Manuskript gedruckt und Eigentum des F. Z. A. S.

Für den Inhalt verantwortlich: Br. Gustav H. b. Sorge, Nürnberg.
Druck von Metz & Marcussen, Hannover, Rundestr. 13.

Auszüge aus *"Vertrauliche Mitteilungen"* des Ministeriums 1912.
Beweis, wieviele Logen der Freimaurer es zu dieser Zeit gab.

Vertrauliche Mitteilungen
des Bundessekretariats.

5. Jahrgang.   Oktober/November 1912.   Nummer 4/5.

Bewegung im Mitgliederstand:

Zeichenerklärung: Es bedeutet: * Angemeldet; ** Aufgenommen; † Gedeckt; †† Gestrichen.

Einzelbrüder:

- ** 1765 **Wolfram, Paul**, Kaufmann, Hankau (China).
- ** 1780 **Schenk, Alwin**, Kaufmann, Sao Paulo (Brasilien).
- ** 1790 **Guggenheim, Dr. V. S.**, Arzt, Dallas (Texas, U. S. A.).
- † 352 **Schmersahl, W. R.**, Kaufmann, Spokane, Wash. U. S. A. (Im Far West verschollen).
- † 1453 **Andermann, J.**, Schriftsteller, Brody, Österreich. (Ist nach Berlin verzogen).
-   1459 **Pretzlik, A.**, Agentur, Salzburg. (Jetzt beim Or. München I affiliiert).
-   1697 **Doubrawa, J.**, Fabrikbeamter, Szombathely, (jetzt beim Or. Szombathely affiliiert).

Or. Berlin. Loge „Zur Morgenröte".

Beamtenrat:
- Mstr. v. St.   Br. Dr. Penzig,
- Dep. Mstr. v. St.   „ Bangert,
- 1. Aufseher   „ *** (bei der Loge zu erfragen),
- 2. „ u. Sekr.   „ Kenzler,
- Stellv. Sekretär   „ Silberberg,
- Schatzmeister   „ Beckmann,
- Zeremonienmeister   „ Meyer,
- Schaffner   „ Schultz,
- Biblioth. u. Archiv.   „ Hiehle,
- Musikmeister   „ Dudeck.

Profane Zustellungsadressen: Dr. Rudolph Penzig, Berlin W., Uhlandstraße 173; Bernhard Kenzler, Berlin-Wilmersdorf, Tübingerstraße 8.

- * **Lange, Rich.**, Ingenieur, Schöneberg, Hauptstr. 116.
- * **Bauer, Fritz**, Redakteur, Berlin W., Potsdamerstr. 23.
- * **Gost, Johannes**, Fabrikbesitzer, Berlin W., Ziethenstr. 19.
- * **Grüll, Ferdinand**, Abteilungschef, Berlin S., Kommandantenstr. 45.

* Dr. phil. **Joseph**, David, belg. Univ.-Prof., Architekt, Charlottenburg, Schlüterstr.
* **Magerski**, Hans, Kursmaklerstellvertr., Berlin N., Invalidenstr. 144.
* Dr. **Podvinec**, Josef, Rentier, Schöneberg, Motzstr. 53.
* **Reichelt**, Erich, Kaufm. Beamter, Wilmersdorf, Uhlandstr. 135.
* **Rosen**, Maximilian, Chefredakteur, Schöneberg, Innsbruckerstr. 38.
* **Wiese**, Harry, Zahnarzt, Schöneberg, Grunewaldstr. 44.
* **Mahler**, Carl, Fabrikant, Wilmersdorf, Güntzelstr. 35.
* **Strauß**, Dr. Paul, Kaufm., Berlin-Schöneb., Martin Lutherstr. 56.
* **Apel**, Dr. Maximilian, Dozent, Charlottenburg, Goethestr. 9.
* **Maier**, Anton, Verlagsbuchhändler, Berlin W. 30, Kyffhäuserstr. 8.
** 807 **Münster**, R. G., Kaufmann, Berlin-Halensee, Friedrichsruherstraße 13 (überwiesen, früher Or. Wiesbaden).

Or. Bochum, Loge „Mehr Licht".

Beamtenrat: Mstr. v. St. und stellv. Sekretär   Br. Küster,
Dep. Mstr. v. St., I. Aufs. u. Schatzmstr.   „ Kröger,
2. Aufseher und Sekretär   „ Diekmann,
Bibl., stellv. Schatzmstr. und Zer.-Mstr.   „ Schneider.

1244 **Petersen**, Fritz, Beamter, Bochum, Boch. Verein, Hauptbüro. (affiliiert, früher Or. Düsseldorf.)

Or. Borbeck, Loge „Eos".

Beamtenrat: Mstr. v. St.   Br. Pehl,
1. Aufseher   „ Hofmann,
2.   „   „ Veerhoff,
Schatzmeister   „ Morgeneier,
Sekretär   „ Mengel,
Schaffner   „ Bürgel.

Or. Breslau, Loge „Zum Licht im Osten".

* **Handke**, Gustav, Musikdirektor, Breslau, Gräbschnerstr. 83.
† 1178 **Lehnert**, Hans, Breslau.

Or. Chemnitz, Loge „Kosmos zum lebenden All".

* **Schulze**, Paul, Ingenieur, Chemnitz, Kaiserstr. 34.

Or. Coburg, Loge „Zur fränkischen Leuchte".

Beamtenrat: Mstr. v. St.   Br. Müller,
Dep. Mstr. v. St.   „ Dr. Ritzer,
1. Aufseher u. Redner   „ Hommert,
Stellv. u. Musikmstr.   „ Gatzer,
2. Aufseher, Schatzmstr. } „ Krauß,
Almosenier u. Bibl. }
Sekretär und Archivar   „ Lang,

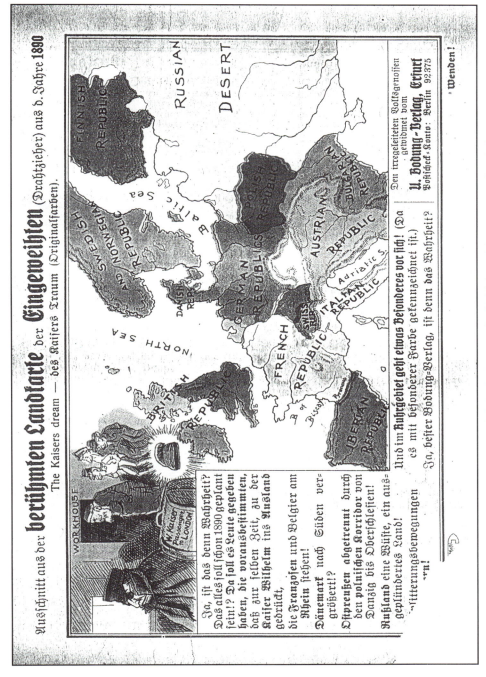

Verschwörungstheorie, daß die Freimaurer die Weltkriege Jahre zuvor geplant haben.

Antisemitische Deutung des Andreasordens (Freimaurer). Archiv der NSDAP.

> Einer, der sich unser 10 Rpf. genau ansah und der folgende
> Entdeckung machte.
>
> Die Wertangabe steht auf einem Dreieck, dass bedeutet den Kubus des Freimaurers, dass Zeichen höchster Vollkommenheit, zugleich ein Stein vom Tempelbau Salomonis. Diesen Kubus umrahmen vier Eichenblätter. In Deutschland dreht sich von der Kaffeemühle und Bohrwinde alles nach r rechts. Der Jude schreibt hebräisch von rechts nach links. Dieses ist das Siegeszeichen, denn nicht der Franzose, Engländer oder Amerikaner hat den Weltkrieg gewonnen, sondern der Jude (internationales Schiebe Börsenkapital) Vier Eichenblätter bedeuten vier Kriegsjahre.
> Die Rückseite zeigt oberflächlich den Segen der Landwirtschaft. Die Kreuzung der Aehrenhalme und ihrer Stützen ergibt ein gleichseitiges Dreieck; die Freimaurerkelle. Rechts von diesem Dreieck hat jeder Aehrenhalm eine Stütze, sind zusammen drei Stützen; Drei ist die heilige Zahl der Juden. Links vom Dreieck hat die obere Aehre zwei Stützen, die mittlere keine, die untere eine Stütze: Das Freimaurerische Klopfzeichen. Die Kreuzung der Halme und deren Stützen bilden 22 Rhomben. Diese bedeuten das jüdische Alphabet mit 22 Buchstaben, denn das deutsche hat 25 Buchstaben. Das Karo, dass durch die Kreuzung gebildet wird, ist das Muster des mosaischen Fussboden, der vor jedem Logen -und Synagogen altar liegt.
> Auf der Vorderseite sieht man zwischen - Deutsches Reich- und Renten- resp. Reichspfennig rechts und links einen Judenstern.
>
> Sollte das alles Zufall sein in unserem christlichen
> DEUTSCHLAND?

Dokument des *Völkischen Esoterischen Zirkels* 1919 zeigt den Verschwörungsglauben.

Slg Varia 1104

Deutsches Nachrichtenbüro
Münchener Correspondenz und LPM-Dienst

MC — LPM

Verleger, Herausgeber und Hersteller: Deutsches Nachrichtenbüro G. m. b. H., Berlin SW 68 — R. D. K. N. Nr. 6

Hauptstelle München
Karlstraße 35 — Fernruf: 55 391

Ohne Gewähr / Nachdruck ohne besondere Vereinbarung verboten

Verantwortlich: Hauptschriftleiter Roman M a y r
Chef vom Dienst: Georg D e n k l

München, 9.7.43.   Blatt 1

774 a   Freimaurer

Würdige Ehrenmitglieder !

Die Grossloge von Washington hat beschlossen, die nordamerikanischen Piloten zu E h r e n m i t g l i e d e r n vorzuschlagen, die an Luftangriffen auf Italien beteiligt waren. Neben dieser Ernennung von "Ehren-Freimaurern" sollen aus einem eigens gestifteten Sonderfonds noch P r ä m i e n für solche Flieger verteilt werden, die nachweisen können, dass sie K i r c h e n getroffen haben.

Die Freimaurer von Washington haben ein ganz richtiges Gefühl. Sie sagen sich : in einer Verschwörergesellschaft, der der Kriegsverbrecher Nr. 1 Roosevelt angehört, in der die jüdischen Völkerverhetzer und Kriegstreiber den Ton angeben und in der die amerikanischen Kriegsgewinnlerplutokraten Schulter an Schulter mit ihnen sitzen, fehlt noch etwas, was zu ihnen gehört, was Geist von ihrem Geiste ist, der Terrorflieger, der die europäische Kultur zerschlägt und europäische Kirchen und Dome in Schutthaufen verwandelt. Das Versäumnis musste unbedingt gutgemacht werden. Es kann nicht besser und eindeutiger geschehen, als durch die Ernennung von Terrorfliegern zu " Ehrenfreimaurern " und durch die Ausschüttung von Sonderprämien an diese edlen Vorkämpfer amerikanischer Zivilisation und Gesittung.

Den Terrorfliegern winkt jetzt die "Ehre", die ihnen gebührt und der Grossloge von Washington der Zuwachs, den sie für ihre Vollständigkeit noch gebraucht hat.

Als der Jude Alfred Cohen vor einiger Zeit von der Präsidentschaft der Washingtoner Grossloge zurücktrat, um einem anderen Rassegenossen Platz zu machen, da verlas Roosevelts Sohn James ein Handschreiben seines Vaters, in dem dieser "der Arbeit des Ordens und des Judentums für die Vereinigten Staaten seine volle Anerkennung ausspricht ".

Es kann nicht ausbleiben, dass der Hochgradfreimaurer Roosevelt der Grossloge von Washington nun auch für die Kulturtat dankt, die sie mit der Ernennung seiner Terrorflieger zu Ehrenmitgliedern und Prämienempfängern geleistet hat.
                                                                R.M.

Dokument zeigt den Freimaurerwahn während des Krieges

Neue religiöse Sekten, die das Dritte Reich formten

Inhalts-Verzeichnis.

	Seite
Vorwort	3
Die Juden als Volk und Rasse	7
Katholische Kirche und Judentum	17
Zur Entwicklung des Antisemitismus	39
Das antisemitische Material	52
Das jüdische Recht	62
Die Bibelgegnerschaft	68
Das Christusproblem	91
Das Symbol der Völkischen	118
Die neudeutsch-heidnischen Verbände	123
Das Weimarer Kartell	125
Die Deutschgläubige Gemeinschaft	127
Die Deutsche Erneuerungs-Gemeinde	146
All-Arierbund	152
Der Germanenorden	165
Der Nationalsozialismus	181
Treubund für aufsteigendes Leben	200
Orden der Gottsucher	208
Der Jungdeutsche Orden	209
Die Germanische Glaubensgemeinschaft	233
Der Deutsche Schafferbund	251
Der Deutschbund	253
Die Heimatreligion	255
Die Deutsche Gotteskirche	265
Nationalreligion des Ea	269
Arbeitsgemeinschaft für deutsches Christentum	273
Deutsche Vereinigung	274
Die Deutschkirche	275
Die Religion Häußer	276
Schlußwort	281
Literaturverzeichnis	292

Das Inhaltsverzeichnis gibt Auskunft über die Organisationen.

Irminsul

Schriftenreihe
für Junggermanische (eddische) Religion und Weltanschauung.

Herausgegeben von E. Hubricht, Freiberg i. Sa.

Ernting 1928   No. 16   Als Handschrift gedruckt.

Das aristokratisch-antichristliche Prinzip.

Von Fritz Fink.

Die geistige Verwirrung Deutschlands ist auf einem Stande angelangt, welcher dem Volke der Denker keinerlei Ehre mehr macht. Die Vernebelungstechnik der kulturfeindlichen Mächte hat erreicht, daß der klare Ausblick fast unmöglich wurde. Trotzdem aber, vielleicht auch dennoch, erheben sich aus der Gesamtheit der Deutschen in langsamem, aber stetig wachsenden Maße jene Einzelnen, in deren Kampfreihe die einzige Aufstiegsmöglichkeit gesucht werden muß, insofern das Deutschblütige den Glauben an eine bessere Zukunft noch nicht ganz verloren hat.

Trotz des Ernstes der Lage und trotz der Wenigen, die dies ernstlich glauben (abgesehen natürlich von den stets Vielzuvielen, die hierüber so wenig wie über alles andere nachdenken), ist der Glaube an diese Zukunft schon deshalb gerechtfertigt, weil der Einzelne unendlich viel, ja, alles vermag, und weil das Geschick der Völker von jeher von diesen Einzelnen

Gerlach'sche Buchdruckerei, Freiberg

Esoterisch völkische Schrift "Irminful" bezeichnet sich selbst als "Antichristlich" und "Junggermanisch".

Die Ludendorffs publizierten esoterische Literatur des kommenden Weltunterganges und des Endkampfes um Gut und Böse (Uridee des Dritten Reichs).

1939

Ludendorffs Verlag GmbH., München 19

Bildtafeln

I. Symbole der drei Zeitalter . . . . .
II. Okkulte Meister . . . .
III. Induziertes Irresein (Mag. Briefe) . . .
IV. Atlantis . . . .
V. Wie Amerika in den nächsten Weltkrieg eintritt
VI. Wie Amerika in den nächsten Weltkrieg eintritt
VII. Wahrsagemaschinerie . . . . . .
VIII. Wissenschaft des Wassermannzeitalters . . .

Bilder im Text

1. Marne—Hentsch 9
2. Salomon und Sibylle 17
3. Mittelalterlicher Astrologe 26
4. Spirale, Symbol der Entwicklung . . . 62
5. Dürers Apokalypse 76
6. Das Schicksalsrad 106
7. Der Materialismus 111
8. Der Tanz um das goldene Kalb . . . 113
9. Das Horoskop des Fischzeitalters . . . 115
10. Das Horoskop des Wassermannzeitalters . 116
11. Der Tierkreis 122

Das Inhaltsverzeichnis gibt Aufschluß über die Denkweise.

Theodor Fritsch, Gründer des Germanenordens 1912 in Leipzig.

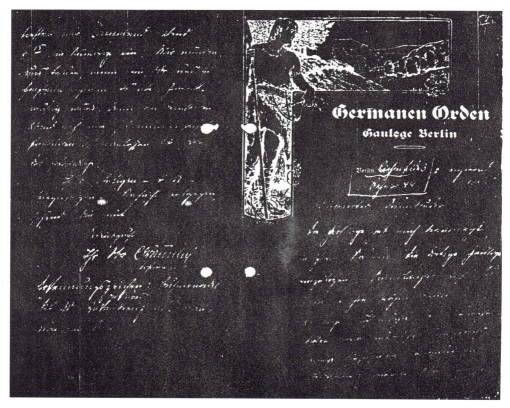

Dokument des *Germanenordens*.

Vertraulich!

Gelübde

Deutsch sei Dein Geist,
Dein Lied, Dein Wort;
Dein Volk, Dein Stolz
und höchster Hort;
Und deutsch, was droht
und kommen mag.
Dein Herz bis zu dem
letzten Schlag.

Germanen-Botschaft!

Nach den Ergebnissen der Rassenforschung steht fest:

Die einzelnen Menschenrassen sind ebenso grundverschieden und ungleich, wie die einzelnen Pflanzenklassen und Tierarten. Jede Rasse hat ihre besonderen Gaben und Fähigkeiten von vornherein erhalten.

Rassereine Völker wachsen und gedeihen, Rassenvermischung stört das irdische Gleichmaß, die Harmonie zwischen Geist, Seele und Leib, und muß Disharmonie und infolge dessen Krankheit und Siechtum, Entartung und Verfall erzeugen, letzten Endes aber zur Verkrüppelung, Verpöbelung und Verschandelung des Menschengeschlechtes führen. Ja, der größte Teil unserer fürchterlichen Volkskrankheiten sind die natürlichen Folgen dieser Rassenvermanschung. Und die Rassenvermischung ist es auch, welche die nationale Kraft und Einigkeit vernichtet und ein Volk zur leichten Beute rassenreinerer Feinde werden läßt. Der Untergang aller Kulturvölker des Altertums beruht lediglich auf der fortgesetzten Rassenvermischung der Arier infolge zuchtloser Gattenwahl.

Je höher nun eine Rasse von vornherein veranlagt ist, um so höher kann sie ihre Gaben entwickeln und entfalten. Die höchstveranlagte und begabteste Rasse ist die nordisch-ariogermanische, deren äußere Hauptmerkmale in ihrer reinsten Form und zwar kennzeichnend vor allen anderen Menschenrassen: blonde Haare, blaue Augen, rosige und weiße Hautfarbe sowie edler Wuchs sind, und sie ist — nach den neueren Forschungen — von Altersher die alleinige Erzeugerin und Trägerin edelster Sittlichkeit und aller hochentwickelten Kulturen gewesen, sie ist die uralte Adelsrasse der Menschheit, die bei der ihr angeborenen Gabe der Vernunft, des Gemütes und der Ehre, bei ihrem Rechtssinn und menschlichem Wohlwollen, ihrer schöpferischen Begabung und Tatkraft zur wahren Führerin der Menschheit berufen ist.

Die Lebensbedingungen und Lebensauswirkungen jeder Rasse sind verschieden, jede gedeiht am besten, wenn sie ihrer Eigenart entsprechend leben kann. Jede Rasse muß deshalb bestrebt sein, die Lebensverhältnisse so zu gestalten, daß sie sich darin wohl fühlt. Das bedeutet, daß die Rassen für sich rein bleiben müssen und sich nicht vermischen dürfen. Auch wird der Völker- und soziale Frieden bei Trennung der Rassen leichter gewahrt werden, als wenn Rassen mit ganz verschiedenartigen Lebensbedingungen zusammen zu leben gezwungen sind, da in ihrem Selbsterhaltungstrieb jede Rasse auf Umbildung der Lebensverhältnisse nach ihrer Art dringen wird und dadurch Gegensätze und Feindschaften erzeugt werden müssen. Deshalb ist Staatenbildung auf rassiger Grundlage und nach rassigen Grundsätzen zu erstreben, Rassenvermischung unter allen Umständen zu verhindern, bezw. sind da, wo mehrere Rassen unter- und nebeneinander wohnen müssen, die niederen Rassen ihrer Gabe entsprechend der Herrscherrasse unterzuordnen und zu verwenden, denn nur wo das Gute, Tüchtige und Vernünftige herrscht, werden die Lebensverhältnisse für alle — auch die weniger Guten — erträglich sein. Rassenfeindliche aber müssen ausgesiedelt werden.

Durch Vermischung mit niederstehenden Rassen — dieser wahrsten Blutsschande — und durch eine ihrem Gedeihen ungünstige, von Fremdrassen mit List und Trug durchgesetzte Entwickelung der Umwelt (Städtewesen, Über-Kapitalismus, unbeschränkte Handels- und Gewerbefreiheit, fremdes Recht, Demokratie usw.) droht die blonde heroische Rasse auszusterben, wenn nicht bald planmäßige Wiederhochzüchtung einsetzt.
(Siehe die Abbildungen urgermanischer Rasse nach Darstellungen der alten Römer zu einer Zeit, in der der Römer Tacitus — Kap. 4 seiner Germania — die alten Deutschen noch als rassenrein bezeichnete).

Auch das deutsche Volk hat den verhängnisvollen Weg der Rassenvermischung lange beschritten und dadurch Zustände im Lande geschaffen, die ein getreues Abbild des Rassenmischmasches und des verlorenen Gleichmaßes sind. Wie im ganzen Auslande, so herrschen auch in Germanien heute nicht mehr Germanen, sondern Tschandalen und Fremdrassige (die Chawruse). Mit schönen Reden ist an dieser schlimmen Tatsache nichts zu ändern. Nur zielbewußte Verwertung der Rassenerkenntnis kann aus dem Elend wieder herausführen.

Es gilt daher alle noch rassigen, germanischen Volksgenossen zu sammeln und zu festem Schutz und Trutz zusammen zu schließen; es gilt Lebensbedingungen zu schaffen, unter denen der blonde heroische Arier wieder gedeihen und gezüchtet werden kann. Dies ist aber nur unter Hilfe und Mitarbeit aller ger-

Auszug aus einem Rundschreiben des Germanenordens.

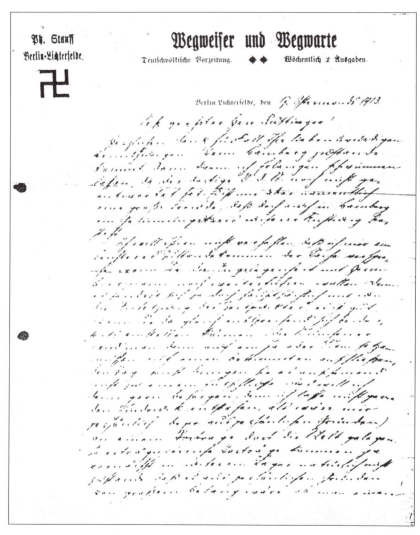

Erstes Hakenkreuz 1913 auf völkisch esoterischer Zeitung
"Wegweiser und Wegwarte".

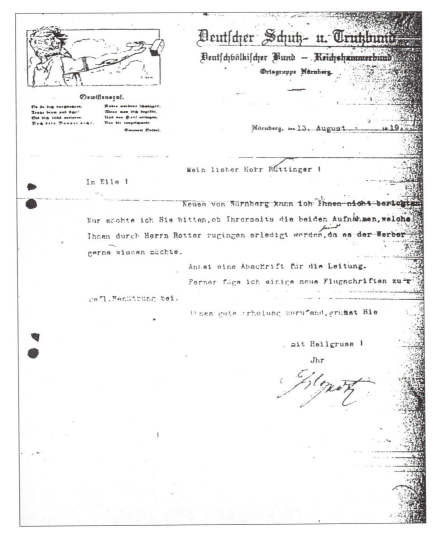

Deutscher Schutz- und Trutzbund - eine Organisation mit germanischen Vorbildern.

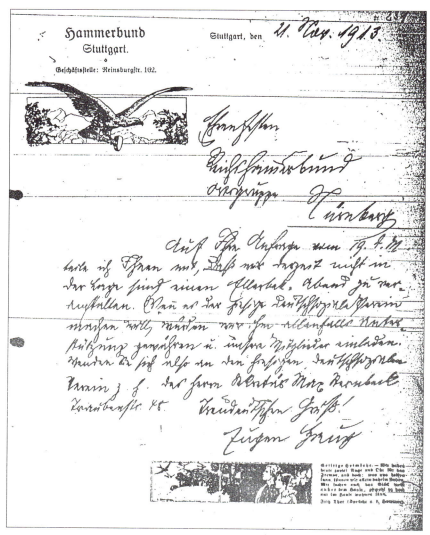

Briefkopf des *Hammerordens* - germanisch esoterischer Geheimorden.

Die Hammerloge und -Verlag waren über ganz Deutschland verteilt.

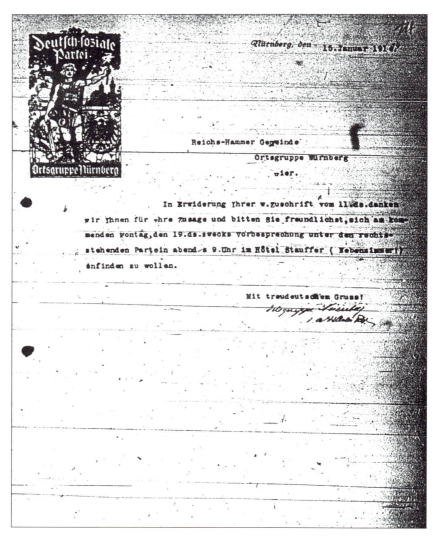

Der Briefkopf ist der Beweis dafür, daß der Germanenorden und der Reichshammerbund direkt mit in die Politik eingriffen, indem sie später zur SA mit militärischem Charakter umgewandelt wurden.

Annie Besant, die Führerin der Adnar-Theosophen.

Dr. Rudolf Steiner, der Führer der Anthroposophen.

O. Hanish, der Führer der Mazdanleute.

Max Heindel, der Führer der Oceanside-Rosenkreuzer.

Schon vor den Nationalsozialisten teilten sich in Deutschland und Europa die esoterischen Kreise in die Theosophischen Gesellschaften, die an die alte Linie der Rosenkreuzer anschloß und Shambhala zugeordnet wurden, und in die germanisch-völkischen Orden, die Agharta zugeordnet wurden.

ASWITHA - FLUGSCHRIFT 8

Rätsel der Frühzeit

ATLANTIS AVALON THULE

von

ROLAND DIONYS JOSSÉ

mit 4 Karten

Atlantische Schriften, die die Thulegesellschaft inspiriert haben.

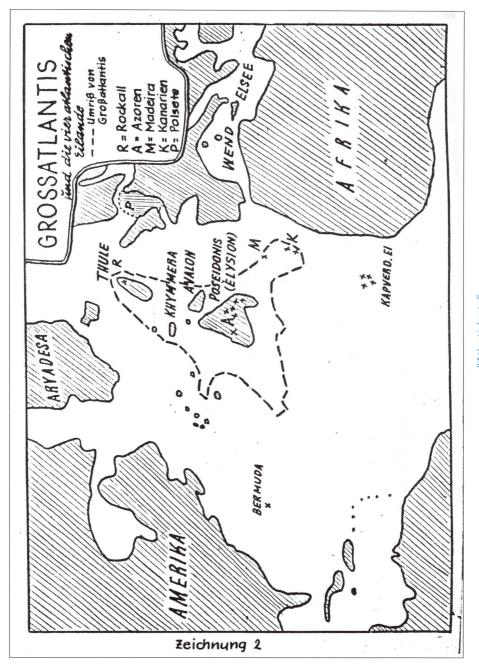

"Atlantiskarte"
Schon in Atlantis bekämpften sich die Bruderschaft von Thule und Elysion.

Dietrich Eckart, Mitglied der Thulegesellschaft. Propagierte Adolf Hitler als Messias und Führer.

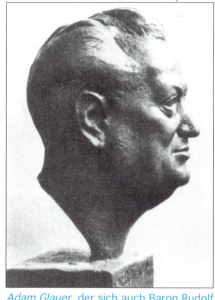

Adam Glauer, der sich auch Baron Rudolf von Sebottendorf nannte, Mitglied der Thulegesellschaft, organisierte die bayerische Provinz des Germanenordens.

Karl Harrer, Mitglied der Thulegesellschaft, gründete den Arbeiterring, der von der Thulegesellschaft kontrolliert wurde.

Walter Nauhaus, Mitglied der Thulegesellschaft, gab der bayerischen Gruppe des Germanenordens den Namen Thule.

Gräfin Hella von Westarp wurde am 30.4.1919 im Luitpold-Gymnasium in München als Geisel der Thulegesellschaft erschossen.

Das Abzeichen der Thulegesellschaft: die Eichenblätter, das Schwert der alten Hyperboreer und das Sonnenrad, Symbol der siegreichen Sonne.

Rudolf Hess als junger Student. Mitglied der Thulegesellschaft, aktiv im Kampfbund Thule.

Konrad Henlein u. Prof. Haushofer am "Tag des deutschen Volkstums" in Eger am 24.6.1939. Beide waren Mitglieder der Brüder des Lichts und der Vrilgesellschaft evtl. Thulegesellschaft.

Briefkopf der *Thule-Gesellschaft*, 1919.

Werbeschild für die Zeitung *"Völkischer Beobachter"*, um 1935. War bereits 1918 esoterisch völkische Zeitung der Thulegesellschaft. Gründer war Rudolf von Sebottendorf.

Himmler war Anhänger des *Artamanen*-Kultes, daraus erwuchs seine Neigung für Ordensburgen.

Artam?

„Artam" ist ein Wort aus dem alten indogermanischen Sprachschatz, wurde von Dr. Willibald Hentschel, Westerwanna, aufgebracht für diese neue Art der deutschen Jugendbewegung im freiwilligen Arbeitsdienst auf dem Lande; es bedeutet **Erneuerung** aus den Urkräften des Volkstums; aus Blut, Boden, Sonne, Wahrheit

„Gläubig dienen wir der Erde
und dem großen deutschen Werde"

Auszug aus der Artamanenbröschüre und Artamanensatzung.

> Deutsch schufen einst die Ahnen
> Mit Schwert und Pflug das Land.
> Das Schwert sie uns zerbrachen,
> Drum fester den Pflug in die Hand!
> Erhebt zum Schwur die Hände,
> Erwachet aus dem Schlaf!
> Volkes Not sich wende:
> „Lewwer duad üs Slaav!"
>
> Du aber Jugend nähre
> Abgrundtiefen Haß
> Gegen den Landesverräter,
> Der nach dem Pfluge faßt!
> Erhalte Deutsch die Scholle,
> Erwache aus dem Schlaf!
> Was der Feind auch wolle:
> „Lewwer duad üs Slaav!"
>
> Aus: Blut und Boden, Heft 1/1930

Von den Artamanen kam Himmlers *"Blut und Boden Philosophie"*.

Jedwede Kameradschaft ist die Grundlage der Artamanen-Gemeinschaften

Karl Maria Willigut, der alte Weise, der Himmler und das Büro Ahnenerbe mit seinen medialen Fähigkeiten unterstützte. Sie nannten ihr Medium "Erberinnerung".

Familienwappen der Williguts mit dem *Swastika*.

Der Entwurf für das Totenkopfabzeichen der SS wurde von Willigut erstellt.

Der Totenkopfkult Himmlers wurde von den schwarzen Buddhas aus Shambhala und Agharta übernommen.

Doppelkarte aus Ludendorffs Volkswarte Verlag, um 1925.

Werbeplakat, das Hitler - Ludendorff Verbindung aufzeigt.

"Deutschland Erwache" war der Erweckungsruf zum neuen goldenen Zeitalter.

Bild zeigt Hitler Ende der zwanziger Jahre bei einer Feier im Kreise seiner alten Kämpfer mit dem Astrologen *Hanussen*, der später, als Hitler seinen esoterischen Hintergrund beseitigen wollte, ermordet wurde.

Antisemitische Publikationen aus dem Deutschen Volksverlag Dr. Boepple, 1919-1924.

Diese Seite aus „Österreichs Illustrierter Zeitung" aus dem Jahwehjahre 1932 gibt einen vorzüglichen Einblick in die geheimen Pläne der „Armanen". Ich bitte die Symbole auf dem „Schicksalsrad" genau zu beachten. Der 9=Jahreturnus der „Jahwehjahre" gilt auch für die „Weisen von Tibet" — nicht nur für den kabbalistischen Juden und Jesuiten.

Dokument zeigt den okkulten Krieg zwischen Armanen und Freimaurer.

Hitler mit Gralsburg als *Messias*, der die Deutschen von dem bösen, jüdischen Freimaurertum erlöst hat.

Ohne Durchschlag
Streng reserviert !
Nur für den Führer bestimmt

14. August 1943.

IV. Sitzungsbericht

Vorschlag VI. (nach Bauer) Nach Vornahme einiger Aenderungen zur Vorlage an den Führer angenommen.

Sofortige und bedingungslose Abschaffung sämtlicher Religionsbekenntnisse nach dem Endsieg und zwar nicht nur für das Gebiet des Grossdeutschen Reiches, sondern auch für sämtlichen befreiten, besetzten und annektierten Länder, Protektorate, Gouvernements, e.t.c mit gleichzeitiger Proklamierung Adolf Hitlers zum neuen Messias. Aus politischen Erwägungen sind von dieser Massnahme einstweilen der mohammedanische, buddhistische, sowie der Shintonglaube auszunehmen.
Der Führer ist dabei als ein Mittelding zwischen Erlöser und Befreier hinzustellen - jedenfalls aber als Gottgesandter, dem göttliche Ehren zustehen. Die vorhandenen Kirchen, Kapellen, Tempel und Kultstätten der verschiedenen Religionsbekenntnisse sind in "Adolf Hitler Weihestätten" umzuwandeln.
Ebenso haben sich die theologischen Fakultäten der Universitäten auf den neuen Glauben umzustellen und besonderes Gewicht auf die Ausbildung von Missionären und Wanderpredigern zu legen, die sowohl im Grossdeutschen Reich, als auch in der übrigen Welt die Lehre zu verkünden und Glaubensgemeinschaften zu bilden haben, die als Organisationszentren zur weiteren Ausbreitung dienen sollen. (Damit fallen auch die Schwierigkeiten bei der geplanten Aufhebung der Monogamie weg - kann doch die Polygamie ohneweiteres als Glaubenssatz in die neue Lehre eingebaut werden)
Als Vorbild des Gottgesandten möge die Figur des Gralsritters Lohengrin dienen, die keltisch-germanischer Phantasie entsprungen bereits ein gewisses traditionelles Ansehen geniesst. (Aehnlich wie die Sagengestalt Wilhelm Tells in der Schweiz seit langem zu einem Symbol geworden ist)
Durch entsprechende Propaganda müsste die Herkunft des Führers noch mehr als bisher verschleiert werden, so wie auch sein künftiger Abgang einmal spurlos und in vollständiges Dunkel zu erfolgen hätte. (Rückkehr in die Gralsburg)

Der erste brauchbare Entwurf!
Zur Bearbeitung an Dr. Göbbels.
Adolf Hitler

Dokument das entworfen wurde, um Hitler nach dem Endsieg als neuen Messias darzustellen.

Adolf Hitler als Gefreitier.

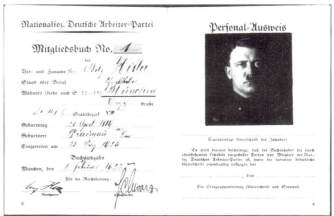
Mitgliedsbuch wurde nachträglich erstellt, da Hitler schon lange im Germanenorden und der Thulegesellschaft, die die NSDAP gegründet hatte, eingeführt war.

Hitler bei Tagung der Thulegesellschaft ?

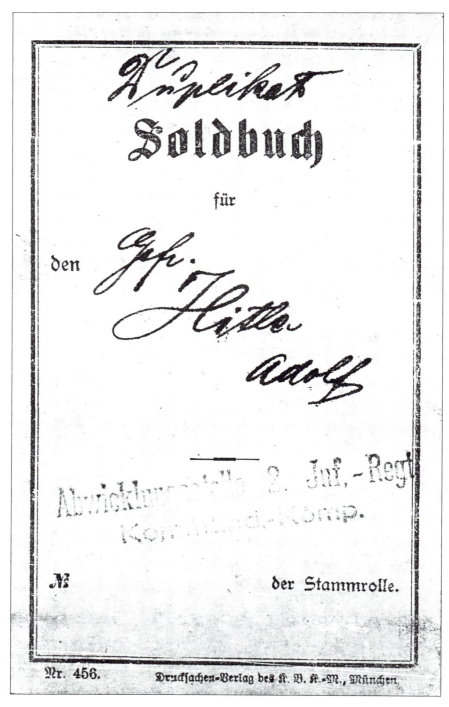

Soldbuch Adolf Hitlers.

Der *Völkische Beobachter* war in der Thierschstraße in München. Hitlers Soldbuch (Lech, 1918) bereits mit Wohnort Thierschstraße versehen, in welcher zu dieser Zeit noch die Thulegesellschaft war.

Dokument aus dem hervorgeht, daß die Arbeiterpartei die Freimaurerloge ausschließt.

Die geistigen Waffen des Nationalsozialisten!

ADOLF HITLER, MEIN KAMPF. Eine Abrechnung. Das grundlegendste Werk des Nationalsozialismus! 2. Auflage. Über 400 Seiten. Mit Bildnis des Autors. Preis in Ganzleinen gebunden RM. 12.—

ADOLF HITLER, MEIN KAMPF. II. Band. Die nationalsozialistische Bewegung. Über 350 Seiten. Ganzleinen RM. 12.—

GOTTFRIED FEDER, Der Deutsche Staat auf nationaler und sozialer Grundlage. Neue Wege im Staat, Finanz und Wirtschaft. 4. Auflage, über 200 Seiten. Preis kartoniert Mk. 2.50. z. Z vergriffen.

GOTTFRIED FEDER, Das Manifest zur Brechung der Zinsknechtschaft des Geldes. 62 Seiten. Preis 60 Pfg.

ALFRED ROSENBERG, Der völkische Staatsgedanke. 2 Aufl Preis 35 Pfg.

HITLERS REDEN Gesammelte Reden vom Anfang der Bewegung bis zum Hitlerprozeß. Geheftet Mk. 2.60 Ganzleinen Mk. 4.—

HITLER-PROZESS. Der stenographische Verhandlungsbericht. Geheftet Mk. 2.40.

WESEN, GRUNDSÄTZE UND ZIELE DER NATIONAL-SOZIALIST. DEUTSCHEN ARBEITER-PARTEI. Das Programm der Bewegung, herausgegeben und erläutert von A. Rosenberg. Geheftet Mk. — 70.

DIE GEHEIMNISSE DER WEISEN VON ZION. Das Weltprogramm der jüdischen Geheimregierung, von G. zur Beek. Geheftet Mk. 1.50.

HANDBUCH DER JUDENFRAGE, von Theodor Fritsch. Geb. Mk 3.60.

DIE GRUNDLAGEN DES XIX. JAHRHUNDERTS. Von Houston St. Chamberlain. 2 Bände. Gebunden Mk. 15 —.

DIE SÜNDE WIDER DAS BLUT. Ein Rassenroman von Dr. Dinter. Gebunden Mk. 3.—.

Dr. J. GOEBBELS. Das kleine a b c des Nationalsozialisten. geh. 15 Pfg.

Dr. J. GOEBBELS. Der Nazisozi. Fragen u. Antworten. geh. 15 Pfg.

Dr. J. GOEBBELS. Die zweite Revolution, Briefe an Zeitgenossen. Geheftet 80 Pfg.

Dr. J. GOEBBELS Lenin oder Hitler. Eine Rede. Geheftet 40 Pfg.

LIEDERBUCH d. N. S. D. A. P. 50 Pfg.

NATIONALSOZ. JAHRBUCH 1927, üb. 180 Seiten. Ganzleinen RM. 1,50

Man verlange gratis unseren reichhaltigen Katalog „Deutsche Bücher"!

FRZ. EHER NACHF. G. m. b. H., BUCHHANDLUNG MÜNCHEN 2, NO. 2, Thierschstraße 15

Postscheckkonto München 11346

Dieses Dokument zeigt, daß der Nationalsozialismus gegen die Freimaurer Logen kämpfte. Aufgeführt sind unter anderem das Buch *"Papier der Weisen von Zion"* und die Freimaurer Logen.

Die Angeklagten im Hitler-Prozeß mit Ludendorff, 1924.

Kapitel 3

DIE GEHEIMEN ATLANTISCHEN PROPHEZEIUNGEN DER APOKALYPSE

ICH ..... bin der Geist, der in allem wohnt.

ICH ..... bin die Stimme im Kosmos, im Wind, der Natur und allem Seins.

ICH ..... bin die Stimme auch in Dir, nur Du hast verlernt, auf sie in der Stille zu hören.

So höre nun die Botschaft im Äußeren, die wichtig ist, in den letzten Tagen dieser alten Welt:

...*„Denn jedes Ende ist ein neuer Anfang. Als planetarischer Geist bist Du ein Teil meines Wesens, wie ich ein Teil von Dir bin. Ich habe durch Dich Tausende von Leben vollzogen, um meine Erfahrungen zu sammeln.*
Unzählige Kulturen und Personen habe ich durch Dich im Verborgenen erlebt, im ewigen Kreislauf des Lebens."

Als das Leben durch das Mineralreich zum Pflanzenreich über das Tierreich seinen Höhepunkt erreichte, stiegen die *„Schlangen der Weisheit"* herab, die schon vollendeten Engel, um dem Menschen seine höhere, innere Führung zu gewähren. So lebten von nun an zwei Stimmen in einem Menschen, der sich durch die Wiedergeburt, von Leben zu Leben, zu seinem höheren Teil hingezogen fühlte.
Jetzt ist der Zeitpunkt des *Erwachens*, wo jeder Mensch seine Vereinigung mit seinem höheren Teil vollziehen kann, um seinen Aufstieg zu vollbringen.

Als der *„schlafende Gott"*, der *„Herr allen Seins"*, über sich selbst nachdachte, teilte sich die undefinierbare Ewigkeit in *Sein* und *Nichtsein*, in geistige Welten und materielle Welten, in die *höheren Himmel der Transzendenz* und in die *niederen Welten der Dualität*.

Der Kosmos entstand mit all seinen Dimensionen und parallelen Welten. Es entstanden die Welten der Gegensätze, die wir „*Dualität*" nennen.
So gibt es *unsterbliche* Welten, die niemals einem Wandel unterlegen sind und es gibt die *sterblichen* Welten, die ständig im Umbruch sind.
Um sich selbst in unendlicher Vielfalt zu erfahren, erschuf er aus sich selbst heraus unendliche Teilbewußtseine, kosmische Monden, die durch die Welten der „Dualität" für die Quelle allen Seins unendliche Möglichkeiten an Erfahrungen sammeln.

Durch die Welt der Gegensätze, auch „*Polarität*" genannt, kann jede kosmische Monade Erfahrungen machen. Da ein solcher göttlicher Teil niemals selbst in eine sterbliche Welt der Polarität heruntersteigt, sondern nur die Erfahrungen sammeln soll, spaltete sie einen Teil von ihrem universellen Geist ab und erschuf die Seelen - *einen Behälter für die universellen Erfahrungen.*
Die Seelen wiederum arbeiteten so, daß sie viele individuelle Erfahrungen brauchten, sich selbst aber nicht mit diesen Erfahrungen identifizieren konnten. So erschuf sie einen Behälter, den wir *physischen Körper* nennen, um von Leben zu Leben durch die *Reinkarnation* in der Welt der Gegensätze diese Erfahrungen zu sammeln und sich langsam zu vervollkommnen.
Dieses sich Teilen wird das „*Wachsen des kosmischen Christus*" oder „*kosmischen Kristalls*" genannt, der während eines Ausatmungszyklusses der Quelle wächst. Man könnte auch das Wachsen des kosmischen Kristalls mit einem Lebensbaum vergleichen.

Die Materie ist ein sich Verlangsamen von Geist zu Licht und Ton, bis hin zur letztendlichen alchimistischen Kristallisation zur Materie. Wir sind verdichtete Lichtformen, wie die Blätter an einem Baum, die nach einem Fallen im Herbst dann im

Frühjahr wiedergeboren werden. Unsere Erfahrungen bleiben in der Seele enthalten.
Der Kosmos ist wie eine Schule mit vielen Klassenzimmern und so gibt es, wie in der Schule, verschiedene Reifegrade. Diese Reifegrade der Welten sind getrennt voneinander durch die verschiedenen Vibrationsebenen der Materie, verschiedener Dimensionen.

So können am selben Ort verschiedene materielle und auch geistige Welten zur gleichen Zeit existieren. Nur das physische Auge, das auf der Frequenz einer dreidimensionalen Welt alles wahrnimmt, sieht auch nur die dreidimensionale Welt.
In unserem Sonnensystem existieren zwölf Planeten, sieben auf der materiellen Frequenz, durch höher entwickelte Wesen belebt, und fünf in den geistigen Dimensionen belebt.

Seit jeher fragt sich die Menschheit, woher sie kommt und wohin sie gehen wird. Die Wissenschaftler aller Zeiten haben versucht, dem Ursprung des Lebens, anhand von Beweismodellen, auf die Spur zu kommen.
Sie haben die Materie zerteilt, sie haben den Mikrokosmos und den Makrokosmos erforscht und doch betrachten sie das Leben nur aus einem Blickwinkel und reihen Interpretationsketten von Realitäten aneinander.
Das Wichtigste jedoch haben sie außer acht gelassen - *den Schöpfer der Materie*, den *„Geist"*, der in allen Dingen wohnt, die Blauphase und Information, die die Materie formt.
Sie sehen nur subjektive Teilwahrheiten, denn die objektive Wahrheit ist ein undefinierbarer Seinszustand, aus dem alle je erdenklichen Teilwahrheiten hervorgehen.
Sie werden das Leben weiter zerteilen können, bis hin zum Atom und trotzdem werden sie den Geist nie beweisen können.
Der Versuch glich einen Lichtstrahl einfangen zu wollen. Der Mensch kann niemals einen Lichtstrahl einholen, es sei denn, er würde selbst zu Licht.

Dasselbe gilt für die Menschheit, sie wird den Geist nie beweisen können, sie kann nur selbst vergeistigt werden. Einen Prozeß, den die Eingeweihten *Metamorphose* nennen. Bis dahin sind alle noch so großen Errungenschaften, Erfindungen und Erklärungsversuche einer Menschheit ein unbewußter Traum eines noch schlafenden Wesens in der Menschwerdung.

Jahrtausende war der Mensch, seit dem Untergang von Atlantis, im „Dunklen Zeitalter" von sich selbst getrennt und auf der Suche nach dem „Heiligen Gral". Der „Heilige Sakral", auch *Gral* genannt, war er selbst. Der Mensch selbst ist das heilige Gefäß in dem sich der Geist Gottes ergießt. Tausende von Leben hat die in Menschwerdung befindliche Seele, im Abstieg des Bewußtseins, nach sich selbst gesucht. Die Nationen und Völker waren die Schulklassen der Reinkarnation, um sich weiterzuentwickeln bis zu dem Zeitpunkt, wo wir wieder in ein neues „Goldenes Zeitalter" treten und *Mensch* und *Gott* wieder eins sind.
So war die Menschwerdung nur ein Zyklus, um durch Leid und Freude neue Qualitäten für die kosmische Quelle zu sammeln.

Und wiederum sind wir am Ende eines Zyklusses, des kosmischen Planes einer Menschheit, angelangt. Die Überlebenden der schon begonnenen inneren und äußeren Reinigungsphase bilden den Samen für eine neue, spirituelle Menschheit, die aus allen Nationen hervorgehen wird. Es wird die erste Wurzelrasse des vierten planetarischen Zyklusses sein, die wieder aufsteigt in höhere Bewußtheit.
Für die einen wird es wie der Untergang damals in Atlantis sein, für die anderen wie eine Rückkehr, ein Aufstieg von Atlantis und dessen *Lehren der Weisheit*. Denn grundsätzlich kann man jedes Ereignis von zwei Seiten sehen - einer positiven oder einer negativen Seite. Jede noch so große Veränderung im Universum ist von dem kosmischen Evolutionsplan geführt.

Der menschlich begrenzte Verstand fürchtet sich vor jeder Veränderung und seine Angst ist der Tod, die Mauer, hinter die er nicht schauen kann. Dabei gibt es nichts in der Natur, das verloren geht. Alle Elemente verändern sich auf der *„Heimreise ins Licht",* nur in andere, veredelte Zustände.
Und so steht die Menschheit vor der größten Veränderung dieses Planetenzyklusses - *einer globalen Metamorphose.*

Diese Veränderungen werden nicht nur das gesellschaftliche Leben aller Nationen berühren, es wird die Grenzen in jeglicher Disziplin überschreiten, die ja nur im Denken und Handeln der Menschen existiert haben.
Nicht nur das Planetarium Erde verändert sein Äußeres - seine *Alchimie,* es gibt nichts auf diesem Planeten, was jetzt nicht einer strukturellen und geistigen Veränderung unterliegt.
Jede nicht verstandene Veränderung bringt eine Schöpfungskrise mit sich, bis der Prozeß der Verwandlung verstanden ist.
So ist der zukünftige Mensch in einer Metamorphose, wie eine Raupe, die nicht weiß, daß sie sich zu einem Schmetterling verwandelt.
Alles im Kosmos, in unserem Planetensystem, auf unserer Erde und in uns Menschen, wird im Plan des Schöpfers in Kürze einen Schritt weiter auf seiner Evolutionsleiter steigen, bis zu dem Zeitpunkt, an dem die kosmische Nacht - *das Ausatmen Gottes* - seiner Schöpfung zu Ende ist.
Wir brauchen auch keine Angst vor diesen Veränderungen zu haben, denn jeder wird, wie am Ende eines Schuljahres, gemäß seiner Entwicklung, in eine neue Klasse versetzt, oder muß die Schulklasse wiederholen.

Der Himmel und die Erde werden neu sein, selbst ein Planet in unserem System wird die Geburt zu einer zweiten Sonne durchmachen. Der in sich selbst geöffnete Teil der Menschheit wird den Aufstieg, die Auferstehung in die *5. Bewußtseinsdimension* erleben.

Der „*Maya-Kalender*" und viele Prophezeiungen alter Propheten und Kulturen sagen den Übergang vom „Dunklen Zeitalter" zum neuen „Goldenen Zeitalter" bis zum Jahre 2011 voraus. Auch die Inschriften der großen Pyramiden deuten auf das Jahr 2011, jedoch ist Zeit ein relativer Faktor.
Die Menschheit wacht in dieser Zeitspanne langsam aus einem Jahrtausende langen Schlaf auf, um die größere Wirklichkeit zu erkennen, daß das ganze Universum in verschiedenen geistigen wie materiellen Dimensionen belebt ist.

Gott würde nie eine Blumenwiese wie unser Universum säen, auf der nur eine Blume, unsere Erde, als Saat aufgeht.

Ab dem Jahr 2011 ist die Prophezeiung einer Geburt planetarischen Bewußtseins, daß wir uns im Anderen erkennen - *die Menschen in der Vielfalt zwar verschieden, doch im Geiste eine Quelle haben.*
Dann folgen 1000 Jahre der geistigen Vervollkommnung der Menschheit. Das „Tausendjährige Reich" des Friedens, in dem wieder die Meister der Weisheit in Erscheinung treten.
Bis zu diesem Zeitpunkt steigen nicht nur Teile der Menschheit zurück in die 4. und 5. Dimension, sondern der kosmische Fall des Omega-Zyklusses ist beendet.

Das „*Ausatmen* Gottes" geht in das „*Einatmen*" über. Der Alpha-Zyklus beginnt. Alles bewegt sich zurück zur Quelle, aus der es hervorgegangen ist. Wir beenden die geistige Involution und die parallele Evolution des materiellen Körpers.
Unsere Urväter haben uns dieses Mysterium in Form der „*Sphinx*" zurückgelassen, bevor sie den Planeten verließen.

Der herabgestiegene Sonnengeist, auch *Seele* genannt, eingebunden in den „Tiermenschen", hat durch die Reinkarnation die Kreuzigung der Seele erlebt. Nach dem Tod des „Tiermenschen", welches symbolisch die tierischen Eigen-

schaften des menschlichen Egos sind, wird der Mensch durch die Vollendung seines Egos im Geiste neu geboren. Diese *Kreuzigung* und *Auferstehung* werden viele Menschen individuell in den kommenden Jahren der Apokalypse erleben, bis der Planet als Ganzes die Auferstehung erlebt.
Dann kommt die Hochzeit zwischen Himmel und Erde.
Bevor der Alpha-Zyklus beginnt, haben wir eine *Nichtzeit*, in der die Quelle selbst in uns eintritt und uns von neuem zusammen vernetzt, so daß wir spüren können, daß wir ein gemeinsames Wesen sind.

Die Geburt des planetarischen *„Christus- oder Buddhibewußtseins",* die Rückkehr des Christus, die Rückkehr der Weltenlehrer, die Rückkehr der außerirdischen oder himmlischen Lehrmeister beziehen sich also alle auf dieses Ereignis - *die planetarische Geburt* des *Christusbewußtseins* - das neuronale Vernetzen der Menschheit zu einem kollektiven Bewußtsein.
Bis zum Abschluß dieses Quantensprungs in die 7. Dimension werden jedoch die größten Veränderungen auf der Erde vonstatten gehen.
Mit dem Aufstieg der Menschheit in die höhere Bewußtseinsdimension und die Rückkehr des Wissens von *Atlantis* und *Lemurien*, steigen auch die gereinigten Kontinente von Atlantis und Lemurien wieder aus dem Meer auf, da das menschliche Bewußtsein mit dem planetarischen Bewußtsein synchron verbunden ist.

Die Menschen, die sich entschieden haben, sich für die *höheren Dimensionen* zu öffnen, haben das Gefühl, durch einen immer schneller werdenden Lernprozeß zu gehen, dessen Spielplatz das Leben ist.
Andere Menschen hingegen, die sich unterbewußt entschieden haben, mit ihrem Bewußtsein in der *3. Dimension* zu bleiben, merken keine große Veränderung an sich selbst. Aber alle zusammen werden wir den großen Reinigungsprozeß auf planetarischer Ebene erleben. Denn unsere Erde richtet ihr

Rückrad auf, das heißt, die Polachsen verschieben sich erneut mit rasanter Geschwindigkeit und mit ihnen die Klimazonen.

Die Polverschiebung hat bereits begonnen. Neue kosmische Energien fließen dann über das Rückrad der Erde - *die Polachse* und werden in ihrem elektromagnetischen Aurafeld verteilt.

Es wird sich, wie schon die alten Propheten vorhersagten - *der Weizen vom Spreu trennen.*

Die Menschen, die sich dieser schneller fließenden Energie durch Bewußtseinserweiterung anpassen können, werden den Reinigungsprozeß überleben.

Die Menschen jedoch, die krampfhaft an der alten Realität festhalten, können ihren Körper an die schnellere Frequenz nur schlecht anpassen. Ihr Alterungsprozeß wird dadurch beschleunigt.

Die große Reinigung wird die Menschheit in zwei große Lager aufteilen. Die einen, die bewußt ganzheitlich den „Geist" in Erkenntnis integrieren möchten, und die anderen, die weiterhin nur an das glauben möchten, was sie sehen und beweisen können und sich dadurch unbewußt von der Öffnung ihrer Bewußtseinsdimension ausschließen.

Viele Propheten, wie z. B. aus der *Apokalypse der Bibel* und „Nostradamus", haben diese Übergangszeit von der 3. Dimension in die Bewußtseinsstufe der 4. und 5. Dimension mit großen Katastrophen, vorausgesehen. Wenn man alle Prophezeiungen der alten Schriften, wie der Bibel, der geheimen Johannesoffenbarung, dem Koran sowie den neuzeitlichen Sehern und den über 100 Marien-Erscheinungen, bis zum Jahr 1987, zusammen vergleicht, erstellt sich ein erschreckendes Szenario dreier großer Weltgeschehen.

In diesen drei großen „Weltgerichten" sind drei große Weltkriege gemeint, die das Gruppenkarma ganzer Völker vollstreckt. Zwei dieser Weltkriege sind bereits eingetroffen. Viele Menschen glauben, daß der dritte nicht mehr kommt, jedoch was hat jeder einzelne Mensch dazu beigetragen, damit das „Göttliche" in seiner Gnade das Karma eines jeden einzelnen und der Völker löscht? Alle Seher, und die Botschaften unserer Muttergottes, sprechen über einen dritten großen Krieg, der seinen Anfang in Europa nimmt. Speziell ist immer wieder die Rede von einem *Heer aus dem Osten*, das nach politischen Unruhen und dem blutigen Sturz eines Führers, über Nacht, mit drei großen Armeen in den Westen zieht.
In diesen Prophezeiungen heißt es, daß innerhalb von kürzester Zeit soviel Menschen sterben werden, wie in den ersten beiden Weltkriegen zusammen. Europas Hauptstädte sollen in einem begrenzten atomaren „Holocaust" brennen.

In diesen Schreckensvisionen kristallisiert sich heraus, daß China, die USA, Rußland sowie die Moslems darin verwickelt werden könnten. Nach heftigen Schlachten wird einer wie der andere zum atomaren Notschlag greifen, das dann ein übernatürliches Weltgericht von Naturkatastrophen diesem Treiben ein Ende setzt.
Denn das übernatürliche Gericht sollte dann, mit dem großen Beben der Erde und einer dreitägigen Finsternis, den Weizen vom Spreu trennen.

Ein weltweites großes, inneres Feuer, das jeder spüren und sehen kann, sowie das Regnen von tödlichem Staub ist prophezeit, die restliche Aufräumung der karmischen Vollstreckung zu vollbringen.

All das ist immer wieder von den Sehern überbracht worden und alle Voraussagen, die in den verschiedensten Zeiten gemacht wurden, gleichen sich in groben Zügen. Auffallend ist, daß alle sagen, daß es los geht, wenn die ganze Welt glaubt, es gibt Frieden.

Ist die Zukunft vorherbestimmt, oder haben die Seher den Bauplan Gottes geschaut?
Alles im Universum ist kosmischen Zyklen unterworfen. Die Schöpfung bringt alles nach dem Prinzip der Dualität hervor. So wie es einen Tag und eine Nacht gibt, so existiert auch im Evolutionsplan der Menschheitsentwicklung, dem „Schöpfungsplan", eine *kosmische Schöpfungsnacht* und ein *kosmischer Schöpfungstag.*
Die letzte kosmische Schöpfungsnacht dauerte ca. 26.000 Jahre. In dieser kosmischen Nacht war der Mensch von seinem göttlichen Selbst getrennt.
Seit den 80er Jahren sind wir in die sogenannte *Endzeit* dieser „kosmischen Nacht" eingetreten. In dieser *Endzeit* wird jeder aus der geistigen Welt geprüft, wie weit sich sein Herz entwickelt hat.
Nach dem Jahre 2011 beginnt ein „*kosmischer Tag*". Dieser kündigt sich mit einem plötzlichen unvorstellbaren Licht und einer Bewußtwerdung der Menschheit an. Die Erde wird erleuchtet und die Schöpfung erhält ihre Vollendung.

Der Abschlußstein der vierseitigen Pyramide von „Gizeh" ist das Symbol der in Menschwerdung befindlichen Schöpfung, der der Abschlußstein, die 5. Dimension (die Zeit) noch fehlt. Die Schöpfung wird also durch die Programmierung in die 5. Dimension ihren Abschluß finden.

Die Endzeit hat begonnen und auch der Kampf der geistigen Mächte um die Seelen. Alle alten und neuen Prophezeiungen sind sinnbildlich zu verstehen.
Das jüngste Gericht hat bereits begonnen. Das Erleben wird für jeden anders sein.

Der Faktor Zeit verkürzt sich in diesen letzten Jahren immer mehr, und jeder erhält das, was er sät, immer schneller zurück und vollstreckt sein Karma.
Ein Reinigungsprozeß, von nie dagewesenem Ausmaß, wird alle Lebensbereiche verändern. Abgesehen von dem äußeren Chaos, das durch Kriege, Erdbeben und Umweltkatastrophen entsteht, wird es einen Rutsch in der Wahrheit des sogenannen „braven" Bürgers geben. Niemand hat mehr etwas, woran er sich festhalten kann. Nur wenige kommen auf die Idee, daß wir genau in der Zeit leben - *wo die Geister geschieden werden.*

Viele sind gerufen, aber nur wenige sind auserwählt, der Samen für die neue Menschheit zu sein, denn die Geister werden bald geschieden sein. Die *„Vampire"* werden das grelle Tageslicht des neuen Schöpfungstages nicht überleben.

Die Veränderung, die die Erde während des *Reinigungsprozesses* durchmachen wird, wenn sie ihre Last abwirft, ist unvorstellbar.
Wenn die Erde sich unter Stöhnen von dem Gift übergibt, das ihr der Mensch in seiner Blindheit angetan hat, und sie ihre Last abschüttelt, wird ihr die göttliche Gnade helfen, den kollektiven niederen Astralkörper (alle noch dreidimensionalen Strukturen) in einem unbeschreiblichen Feuer zu reinigen.

Wir stehen kurz davor, daß die Erde durch die losgelassenen Elemente und die *„Engel des Gerichts",* durch Feuer, Wasser und Erdbeben gereinigt wird. Ein „Fast"-Zusammenbruch von Mutter Erde, unter den Qualen ihrer „Geburtswehen", wird mit seinem Höhepunkt - dem Verbrennen des *Niederen* -, ein Ende finden.
Das *„Dunkle"* dieser Welt, die Nachgeburt wird verbrannt sein und das neue Kind, eine neue Menschheit wird geboren sein.

Vor diesem Höhepunkt wird es noch zwei Lager geben, die *dreidimensionalen* Menschen und die *fünfdimensionalen* Menschen, die ihren Lichtkörper integrieren konnten.
Am „Tag X" werden dann die Geister geschieden.

Und wie es in den Tagen des „Noahs" geschah, so wird es auch sein in den Tagen des Sohnes der Menschen -

...„Sie aßen, sie tranken, sie heirateten bis zu jenem Tag, da Noah in die Arche ging und die Flut kam und alle umbrachte."

Ebenso auch wie es geschah in den Tagen Lots -

....„Sie aßen, sie tranken, sie kauften, sie verkauften, sie pflanzten, sie bauten. An jenem Tag aber, da Lot von Sodom ausging, regnete es Feuer und Schwefel vom Himmel und brachte alle um."

Ebenso wird es an dem Tag sein, da der Sohn des Menschen offenbart wird -

...„An jenem Tag, wer auf dem Dach sein wird und seinen Mantel im Haus hat, der steige nicht hinab um ihn zu holen, und wer auf dem Feld ist, wende sich ebensowenig zurück. Gedenkt an Lots Frau.
Ich sage Euch, in jener Nacht werden zwei auf dem Bett sein, einer wird genommen werden, der andere gelassen werden."

Für die Überlebenden wird dann ein neues Friedenszeitalter der geistigen Vollkommnung eintreten.
Die Raumbrüder werden sich dann als „Christuswächter" zu erkennen geben und ein großes, weißes Kreuz wird am Himmel zu erkennen sein. Tausende von Mutterschiffen werden in Kreuzformation am Himmel zu sehen sein, um die Rückkehr des Christus zu offenbaren.

Für die Auserwählten wird es wichtig sein, auf ihre Intuition und ihre Träume zu achten, denn das „*höhere Selbst*" wird Impulse vor den, von den Menschen und der Natur ausgelösten Katastrophen geben, um am richtigen Ort, zur richtigen Zeit zu sein.
Zum siebten Mal wird die Erde gereinigt und Gott in uns trifft die Entscheidung, ob wir den Samen für die vollendete Menschheit bilden.
Die nächsten Jahre entscheiden, wie stark wir die äußeren Veränderungen erleben werden. Wir haben die Wahl, ob wir den Dingen mit Angst gegenübertreten, oder ob wir die kataklysmischen Zustände apokalyptischer Prophezeiungen als eine notwendige Erneuerung der Menschheit sehen, denn es liegt an uns, wie wir diese Reinigung betrachten möchten.
Die Mutter Erde selbst wird versuchen, uns so sanft wie möglich zu erwecken, wenn sie ihre Wehen, der planetarischen Geburt einer bewußtwerdenden Menschheit, bekommt.
Die Welt erhielt viele Warnungen und Zeichen von Heiligen, Außerirdischen und Propheten. Am Ende der Zeit jedoch wird jeder erkennen, was er nicht sehen wollte.

Es liegt an uns, ob bei dem Übergang
ein Drittel der Luft,
ein Drittel des Wassers,
ein Drittel der Pflanzen und Tiere und
ein Drittel der Menschen den Planeten verlassen worden,
wie es in verschiedenen apokalyptischen Prophezeiungen angedeutet ist.

Ein sanfter Übergang wäre gegeben, wenn die Lichtarbeiter und die Menschen durch eine große Freisetzung ihrer innigen Liebe und das Anrufen der göttlichen Gnade sowie der Bereitschaft von Millionen Menschen an sich zu arbeiten, um an einem Massenaufstieg teilzunehmen, die globalen Ereignisse abschwächen würden und das karmische Entladen mehr auf die einzelnen Menschen lenken würden. Die derzeitige

Bereitschaft dazu ist jedoch, ohne das Wachrütteln der Mutter Erde, nur begrenzt vorhanden. Die momentanen Ereignisse auf der Erde lassen wohl jeden sensiblen Menschen aufwachen und klar werden, daß wir in der siebten Endzeit sind und verschiedene Prophezeiungen ganz oder in abgeschwächter Form schon eingetreten sind und noch eintreten werden.

Die zyklischen Apokalypsen der Schöpfung sind wie eine Lebensschule, bei der man am Ende des Schuljahres in die nächste Klasse versetzt wird. Ein gewisser Prozentsatz der Menschheit ist nicht fähig, aufgrund mangelnder Vorbereitung, in die nächste Klasse aufzusteigen. Sie erhalten nach ihrem Leben „große Ferien", eine lange Erholung in der Astralwelt. Nach guter Erholung wiederholen die Seelen dann auf einem anderen Planeten diese Schulklassen und starten zu neuen Inkarnationszyklen.

Ein neuer *„Adam Kadmon"* wird geboren. Die Erde ist jetzt kurz vor der Geburt mit ihren neuen Menschen, bis sie in das volle Tageslicht des neuen „Goldenen Zeitalters" eintritt.
Die Morgendämmerung hat bereits begonnen - der Aufstieg ist die Auferstehung.

Täglich erreichen uns die Meldungen von Erdbeben rund um den Planeten.
Flutkatastrophen, Überschwemmungen, Vulkanausbrüche, über hundert Kriegsherde und Massaker lösen neuen Hunger, Elend und die neue Völkerwanderung aus.
Täglich erreichen uns die Nachrichten neuer Umweltkatastrophen. Das Ozonloch breitet sich mit rasender Geschwindigkeit aus.

Der Urwald, die Lunge der Erde, wird global um den Planeten abgeholzt. Das Waldsterben entwickelt sich mit einer schnellen Geschwindigkeit. Der Treibhauseffekt und die Erdtemperatur steigt global, dadurch verschieben sich die Klimazonen

so schnell, daß wir es schon beobachten können. Es schneit in Gebieten, in denen es keinen Schnee gab und es wird in kalten Gebieten warm. Das ökologische Gleichgewicht ist bereits so gestört, daß Tausende Arten von Pflanzen und Tieren scheinbar für immer von diesem Planeten gegangen sind. Andere Arten dagegen werden zur Plage, wie im alten Ägypten.
Wir scheinen in unseren Müll- und Gifthalden zu ersticken. Neue, scheinbar unheilbare Krankheiten infizieren Millionen Menschen. Die Rohstoffe scheinen zu Ende zu gehen, und die Erde lebt in einer scheinbaren Bevölkerungsexplosion. Die Welt wird immer hektischer und alles geht nur noch ums Überleben. Geld, Macht, Genußsucht, Ablenkung sind des Menschen Begleiter. Einige geheime Organisationen wollen die absolute Kontrolle über die Menschheit.

Während eines dunklen Zeitalters ist der menschliche Geist materiell gepolt. Seine negativen Ego-Eigenschaften sind Angst, Schuld, Kontrolle, Berechnung, Mißgunst, Absicherung, Dominanz, Stolz, Arroganz, Manipulation und Machtstreben. Seine Gehilfen sind die derzeitigen nur materiell ausgerichteten Gesellschaftssysteme. Wachstum ohne Grenzen ist wie ein Wuchern von Krebs der Menschheit, in dem planetarischen Organismus Erde. Angst um Arbeitsplätze, Angst um Versorgung, Angst vor Krankheit. Angst scheint die Urmotivation allen gesellschaftlichen Lebens zu sein. Alles schaut sehr negativ aus, und unter den „Insidern" der Wissenschaftler macht sich die Meinung breit, für die Erde und die Menschheit sei es *5 vor 12 Uhr*. Der Zug sei bereits abgefahren.

Die Menschheit möchte jetzt erwachsen werden und hat scheinbar das Gleichgewicht des Planeten zum Kippen gebracht. Sie steckt also bereits in der Evolutionskrise und für die einen hat der Untergang der Menschheit bereits begonnen sowie für die anderen der Aufstieg der Menschheit - *die große Verwandlung.*

Die Veränderungen im Äußeren und im Inneren haben also begonnen. Und doch - kaum wahrnehmbar - ist mitten in dieser Dunkelheit ein kleines Licht entzündet worden, das den Menschen den Weg zeigen soll - *die Ankunft der inkarnierten Lichtarbeiter, außerirdische Bewußtseinsinhalte, die den Samen für die neue Menschheit vorbereiten soll.*
Die Umpolung zum Geistigen, einem neuen „Goldenen Zeitalter" hat bereits eingesetzt. Statt aus *Urangst* zu sein, soll diese neue Generation das *Urvertrauen* sein. Alles noch so Negative, das passiert, hat seine Berechtigung im kosmischen Plan, den wir mit dem Verstand nicht begreifen können, denn es gibt nichts außerhalb dieses göttlichen Planes, selbst das Chaos ist die neue Ordnung.

BOTSCHAFT DES PLANETARISCHEN GEISTES

Jeder, der sich bei meiner Wiederkunft von ganzem Herzen ergibt und jeder, dèr mich, den „planetarischen Geist", der viele Namen hat, kennt und jeder, der mich in seiner Not, Angst und Verzweiflung in diesen letzten Tagen anruft, den werde ich die Tränen aus den Augen wischen und in den neuen Plan erheben.

Wenn dann die Welt der Illusionen am Ende ist, wenn die Menschen alle ihre Vorstellungen vom Leben fallen lassen, wenn das menschliche Ego sich mir ergibt, werde ich kommen und mit des Vaters Macht alles neu gestalten.

Ich komme zu jenen, die richten, um sie zu richten. Ich komme zu jenen, die lieben, um sie zu heilen.

Da ich der Geist in jedem und allem bin, gibt es keinen Ort zu entfliehen, nur der Wahrheit ins Gesicht zu blicken.

Grafik der *Schwingungs-erhöhung* bis 2011.

Energiepyramide
Alpha = Geistige Energie in Verdichtung bis hin zur Kristallisation zur Materie.
Omega = Materie in Beschleunigung bis hin zur Auflösung in Licht.

Die 7 Apokalyptischen Reiter in der Endzeit.

Grafik:
Viele Menschen und Seher träumen von Naturkatastrophen in der Endzeit.

Grafik:
Einige Menschen sehen riesige Wasserwände die Küsten wegspülen.

Grafik:
600 mediale Menschen weltweit haben Plätze beschrieben, die Naturkatastrophen treffen.
Die dunklen Stellen sind negative Plätze, die hellen Stellen positive Plätze.

Grafik:
Weltweit haben Medien Botschaften von Außerirdischen empfangen, die eine Evakuierung andeuten.

Grafik:
Falls es zu größeren Katastrophen kommt, werden Raumbrüder helfen, die Sanftmütigen per Levitation in die Raumschiffe zu ziehen.

Kapitel 4

DIE RÜCKKEHR DER LICHTKINDER VON ATLANTIS

Alte Prophezeiungen sagen, daß am Ende des „Dunklen Zeitalters" die Wächter der höheren Evolution, Außerirdische der galaktischen Konföderation mit ihren Lichtschiffen zurück auf die Erde kommen, um den Prozeß des Aufstiegs zu überwachen.
Nachdem die Menschheit ins Atomzeitalter ging, kamen die „Wächter" zur Erde und warnten die Regierungen vor den Folgen eines Atomkrieges.

1952 trafen Mitglieder der galaktischen Konföderation Präsident „*Eisenhower*" der Vereinigten Staaten. Dem jedoch waren die Hände gebunden, da hinter der amerikanischen offiziellen Regierung die geheime Weltregierung der Illuminaten stand, die eine militärische Abrüstung ablehnte.

Den Außerirdischen der Konföderation wurde klar, daß alle Regierungen die Manifestation der materiellen Mächte war, denn diese begannen sofort die strengste Geheimhaltung aus diesen Begegnungen zu machen und Menschen und Mitarbeiter zu bedrohen, um die Geheimhaltung zu erzwingen. Die Wächter fingen an, am Höhepunkt des „Dunklen Zeitalters", Privatpersonen, Wissenschaftler und Künstler zu kontaktieren und übergaben ihnen die Botschaften und Warnungen, die langsam ins Bewußtsein der Menschheit einsickern sollten.

Die Raumbrüder, wie das „*Ashtharkommando*", die „*Santiner*" und die „*Plejadier*", gehören zur galaktischen Konföderation und haben die Aufgabe, da sie spirituelle, aufgestiegene planetarische Rassen sind und den kosmischen Plan der geistigen Hierarchien kennen, die Evolution von tiefer dimensionalen Planeten und deren Entwicklung, vor der globalen Zerstörung eines Planeten zu bewahren.
Sie dürfen nur offiziell landen, wenn die Menschheit um Hilfe bittet und von sich aus um ihre Existenz bewußt geworden ist.

Sie dürfen eingreifen, wenn der ganze Planet durch seine unbewußten Wesenheiten vor der globalen Zerstörung steht, oder wenn große Naturkatastrophen ein Überleben der Menschheit unmöglich macht.

Da sich unsere Regierungen auf die positiven Vorschläge der galaktischen Konföderation, wie Abrüstung und Umweltschutz, nicht eingelassen hatten, entwarf die galaktische Konföderation einen Rettungsplan, im Notfall, vor einer globalen Zerstörung eines atomaren "Holocaust" oder eines gewaltsamen Polsprunges, eine Evakuierung von Millionen von Menschen in Raumschiffen durchzuführen. Bei einer derartigen Aktion würden über 10 Millionen Raumscheiben von den Mutterschiffen ausgesandt werden und mit Levitationsstrahlen Menschen, die keine Angst haben, an Bord ziehen.

Mit dem Eintritt ins Atomzeitalter wußten die geistigen Wächter, daß die Menschheit am Höhepunkt des „Dunklen Zeitalters" angekommen war, der Höhepunkt des „Getrenntseins" war erreicht. Der neue Plan für die Menschheit war der *Aufstieg* und die *Auferstehung.* Die Erweckung und Überwindung des Getrenntseins sollte das alte Bewußtsein auf der Erde ablösen.
Es wurden weltweit spirituell entwickelte Trancemedien ausgesucht, denen diese Botschaft kanalisiert wurde oder mit Telepathie oder Präzipitation übermittelt wurde, so daß durch diese Medien die Botschaft des Aufstiegs und des neuen Zeitalters weltweit verbreitet wurde.

Da eine Botschaft von Außen nicht ausreichte, da die Wächter die Denkweise der Menschen zu gut kannten, hat die Konföderation zu einem noch viel weitgehenderen Hilfsplan gegriffen.
Nach Absprache mit den geistigen Hierarchien und den kosmischen Intelligenzen - auch *Erzengel* - genannt, wurde ein gemeinsamer Plan mit dem *„Erzengel Michael"* entworfen,

seine Legionen von Lichtarbeitern auf die Erde zu inkarnieren, unterstützt mit den freiwilligen Außerirdischen von allen Planeten-Hierarchien dieser Milchstraße, um die Erde zu heilen und sie durch Freisetzung von neuem Bewußtsein auf dem Planeten zurückzuführen in die erweiterte Bewußtheit des planetarischen *„Christus- oder Buddhibewußtseins"*.

Erstmals beschlossen aufgestiegene Meister, die einst Atlantis verlassen hatten, wieder zu inkarnieren und mit ihnen unzählige, freiwilliger höherer Planeten-Hierarchien, die Rückkehr der „weißen Bruderschaft" auf Erden. Eine alte Prophezeiung in der Bibel spricht von der *letzten Schlacht auf Erden*, in der „Erzengel Michael" seine Legionen in den Kampf gegen die Unbewußtheit führt.

Die Außerirdischen begannen 1960 die ersten Freiwilligen mit Hilfe der geistigen Welten auf Erden zu inkarnieren, um das Kommen der Legionen vorzubereiten. Die Legionen sollten dann, wenn die Schwingung des Planeten schon ein wenig angehoben ist, ab ca. 1970 inkarnieren, um dann die Welt von innen her zu verändern.
Jeder der Millionen freiwilligen Außerirdischen, der hier geboren wird, ist ein Spezialist in den verschiedensten Wissenschaften und Lebenskünsten.

Zu einem bestimmten Zeitpunkt ging dann der Erweckungsruf durch das Unterbewußtsein dieser Menschen, als unbewußte Träger höheren Wissens und Vibrationen.
Heiler, Therapeuten, Wissenschaftler, die das Konzept der freien Energie dabei haben, Lichtarbeiter, die die Erde als lebende Quantenbeschleuniger reinigen und in ihrer Frequenz anheben, Spezialisten, die Lebensfreude, Kunst und Meditation verbreiten, spirituelle Lehrer und Kämpfer für die unterdrückte Wahrheit. Sie alle leiten bewußt oder unbewußt das *„New Age"* und die Schwingungserhöhung dieses Planeten ein.

Viele dieser Menschen haben immer gefühlt, daß ein Teil von ihnen anders ist.

Mit der Rückkehr der „Lichtmeister aus Atlantis", kehren auch alle verlorengegangenen Geheimwissenschaften wieder auf Erden zurück. Es wird das alte Wissen über Kristalle, Heilung über Farben und Töne sowie Kräuter- und Blütenessenzen und Elektromagnetismus wiederkehren. Aber all dieses Wissen sind nur vorübergehende Konzepte, bis der Mensch selbst seine Vollendung erreicht hat.

Eine andere Sternensaat ging einen viel schwierigeren Weg. Sie inkarnierten seit Atlantis bis zum heutigen Jahrhundert viele Male.

Das waren die Schüler der „Lichtmeister aus Atlantis" und im Abstieg befindliche Außerirdische. Diese Seelen waren die Magier, Hexen, Heiler, Hohepriester und Eingeweihte vieler Jahrhunderte. Sie stiegen schon damals herab, um der Menschheit ein Licht auf ihrem Weg in die Dunkelheit zu sein. Sie wurden oft der höheren Wahrheit wegen verfolgt, ermordet, mundtot gemacht und belächelt, denn sie waren wie Fische, die gegen den Wasserstrom der Menschheit schwammen.

Selbst in diesem Jahrhundert wurden große Denker der ganzheitlichen Technik wie *„Nicolas Tessla"*, *„Wilhelm Reich"*, *„Viktor Schauberger"* und viele andere, aufgrund ihrer Erfindungen mit der freien Energie, von den Lobbies totgeschwiegen und verfolgt.

Die erste Welle dieser Sternensaat hat sich viele Wunden zugezogen, in ihrem Kampf, die Menschheit langsam aus ihrer geistigen Umnachtung emporzuheben. Diese erste Saat half, in der Vorphase des Aufstiegs, der Menschheit Durchbrüche im Denken zu verschaffen. Sie waren die Genies unserer Jahrhunderte. Auch sie sind heute alle in ihrem letzten Leben inkarniert, um die Menschheit bei ihrer letzten Phase des Aufstiegs zu begleiten. Sie wurden in so vielen Leben auf diese Zeit vorbereitet, um jetzt allen Menschen gemeinsam zu helfen um ihre Meisterschaft zu erlangen.

„Jetzt ist die Zeit gekommen, daß Ihr aufwacht, Ihr, die Ihr Euch selbst erwählt habt, den großen Dienst an der Menschheit zu tun".

Durch die Anwesenheit von Millionen Wesen, die die bedingungslose Liebe kennen, wird die Schwingung auf dem Planeten, die sie nur durch ihre bloße Anwesenheit verbreiten, derart angehoben werden, daß der Reinigungsprozeß einsetzt und geistig gesehen kein Stein mehr auf dem anderen bleibt. Nur wenige dieser Menschen mit höherem Verständnis sind sich darüber bewußt, woher ihre Seele wirklich kommt.

Durch das Eintreten in Raum und Zeit verlieren sie ihre Bewußtheit. Mit dem Anstieg der Schwingung werden sie sich alle an ihre wahre Identität erinnern.
Während die Kataklysmen stärker einsetzen, die Erdbeben und andere Geschehnisse die normale Welt in Atem halten, werden die Außerirdischen und Erwählten ihren geistigen und körperlichen Aufstieg in die 5. Dimension abschließen.
Es werden drei Wellen von Menschengruppen in den nächsten 20 Jahren aufsteigen und geistig und entrückt werden. Ihre subatomare Schwingung wird derart erhöht, ihr universeller Körper wird aktiviert, daß Tod und Krankheit nicht mehr zu ihren Erfahrungswelten gehören. *Denn Tod, Alter und Krankheit sind eine Erfahrung der Dualität der 3. Dimension.*

Diese geistige und körperliche Auferstehung ist synchron mit dem Kontakt der Lichtschiffe der galaktischen Konföderation. Die außerirdischen Wächter beobachten diesen Aufstiegsprozeß der 6. Wurzelrasse - Der Samen für die *„Christus- oder Bodhisaddvarasse"*.

1987 hat die Vorhut der *„Sternenkinder"*, zusammen mit vielen im Bewußtsein aufsteigenden Menschen rund um den Planeten, die erste Reinigungsphase aktiviert, in dem sie an einem festgelegten Datum zusammen für den Weltfrieden an unzähligen Plätzen der Erde meditierte.
Das Ergebnis der „Harmonischen Konvergenz" war unbeschreiblich. Die großen Veränderungen zwischen Ost und West begannen. Der Weltfrieden und die Sehnsucht der Menschheit nach harmonischer Veränderung war der Spiegel dieser großen Energie, die auf der Erde eintraf. Die Kinder des Lichts halfen, als Mensch inkarniert, diese Energien in das kollektive Unterbewußtsein der Menschheit durch Meditation einzuspeisen. Diese Energie war eine der ersten Strahlen, die die Erde von der großen Zentralsonne unserer geistigen Quelle empfing.

Im Jahre 1991, am 11.1. um 11:11 Uhr wurde dann das Magnetgitternetz der 4. Dimension der Erde aktiviert. „Die Kinder des Lichts" sammelten sich zu Tausenden an den geomantischen Hauptenergieplätzen der Erde - auch *„Chakras"* der Erde genannt.

Sie begannen mit den „Sonnentänzen" die Erde zu akupunktieren. Die Rituale an der großen Pyramide von „Gizeh" in Ägypten, in Tibet, in Glastonbury/England, Arizona, Argentinien, Neuseeland - rund um den Planeten folgten die inkarnierten Engel und Außerirdischen, gefolgt von erwachten, aufsteigenden Menschen zur Aktivierung des Aufstiegstores.

Die bewußte Aktivierung des Meister-Gitternetzes läßt die Erde unwiderruflich in die 4. Dimension aufsteigen, mit oder ohne Passagiere.
Aber nicht nur die inkarnierten Außerirdischen begannen mit der Akupunktur der geomantischen Kraftplätze der Erde, um Informationen der Weisheit und Aufstieg in das Unterbewußtsein des lebenden Planeten einzuspeisen.

Die galaktische Konföderation, die „Wächter", begannen langsam in den 80er Jahren Akupunkturpunkte der Erde aufzusuchen und Informationen des Aufstiegs und der Auferstehung, in Form von Piktogrammen, mit Alphastrahlen aus Raumschiffen, einzuspeisen, bzw. zu bestrahlen.
Die „Wächter" geben holistische Code in das Unterbewußtsein der Menschen, zur Aktivierung der Lichtkörper, denn die Zellen in diesem Organismus müssen sich jetzt der sich rasch erhöhenden Schwingung anpassen oder sich einen anderen Spielplatz im Universum suchen, wo sie das Konzept des Getrenntseins weiterspielen können.

So kommen nicht nur Ost und West im planetarischen Lebewesen Erde als die zwei Gehirnhälften zusammen, es kommen auch die zwei Gehirnhälften im Menschen zusammen. Letztendlich werden alle Gegensätze zusammenarbeiten und Licht und Dunkelheit sich auf einer höheren Ebene ergänzen.

DER AUFSTIEG ALTER KULTUREN

Schon vor uns haben Kulturen einen kollektiven Aufstieg vollzogen.
In früheren „Goldenen Zeitaltern" des Kosmos waren vorwiegend nur Sonnenerleuchtungen möglich, da die physische Unsterblichkeit und Transmutation noch keine Möglichkeit darstellte. So finden wir in den alten Kosmologien nur Beschreibungen von den Lichtkörpern der Erleuchteten.

Menschen werden durch viele Inkarnationen zu immer größerer Hingabe an ihren *inneren Gott* gebracht, dadurch erhöhen sich ständig die Schwingungen ihrer Sonnenräder (Chakras).
Die Reinkarnation ist der Weg des langsam sich Öffnen für neues Bewußtsein. Fortgeschrittene Seelen, wie die Meister, waren so transparent, daß man ein Leuchten um ihren Körper sehen konnte. In alten, heiligen Bildern wurde dies als Heiligenschein dargestellt.
Das Öffnen des inneren Kosmos und die Erhöhung der Frequenz war ein erster Schritt nach Hause, das die Materie die Schwingungsfrequenz erhöhte, auf dem Heimweg ins Licht.

Jeder unserer Gedanken beeinflußt nicht nur die Außenwelt durch das morphogenetische Resonanzfeld oder anders ausgedrückt, nicht nur durch unser gemeinsames göttliches Überselbst, sondern auch durch unseren inneren Mikrokosmos. Die Gedanken, die wir haben, aktivieren, je nachdem, aus welcher Bewußtseinsebene sie stammen, unsere „Chakras" oder „Sonnenräder", die wiederum unsere Dichte oder physische Frequenz bestimmen und letztendlich für den Hormonhaushalt und Stoffwechsel und andere Funktionen eine große Rolle in unserem physischen Körper spielen.

Die sieben Siegel sind unsere sieben Bewußtseinshimmel in uns.

Die aufsteigenden Meister früherer Kulturen waren sich über die Gesetzmäßigkeiten bewußt. Der planetarische Körper Erde hat, wie der Mensch, sieben Körper. Diese sieben Körper nennt man auch die *sieben Bewußtseinszonen* oder *sieben Dimensionen*. Im Menschen sind es die *sieben materiellen Chakras* oder *sieben Energietore,* die aus dem inneren Kosmos geistige Energie anziehen.
Diese Energietore waren mit der Psyche und der Summe des Bewußtseins der Menschen in Bewegung. Jede Öffnung im menschlichen Bewußtsein ließ diese Sonnenräder die Geschwindigkeit erhöhen. Dieses sich Öffnen dieser kosmischen Blütenkelche erlaubte dem Körper eine höhere, elektromagnetische Frequenz anzunehmen und mehr ätherische Energie aufzunehmen. Der menschliche Körper hatte also zwei Energieversorgungssysteme, den Verbrennungsmotor und den kosmischen Resonanzmotor.

Die Meister aufsteigender Kulturen wußten, daß der Aufstieg ein Aufstieg in eine langsame Bewußtseinserweiterung ist. Das *„höhere Selbst"* hilft uns bei dem Prozeß der Ganzwerdung. Wenn dann der Mensch dabei bleibt, mit seiner kosmischen Monade zu kommunizieren und auf seine *„innere Stimme"* oder *„Intuition"* hört, wird der Mensch im Geiste neu geboren werden. Das höhere Verständnis wird ihm aus dem inneren Kosmos eröffnet und *„Buddhi"* oder *„Christus"* in ihm - auch das *dritte Auge* genannt - öffnet sich. Der Mensch beginnt sich zum Übermenschen zu entwickeln.

Durch das geöffnete *„dritte Auge"* - auch das *„Auge Gottes"* genannt - ist der Mensch an den Kosmos angeschlossen und kann in der universellen *„Akashachronik"* lesen.
Die Akashachronik ist die Abspeicherung allen zeitlich linearen Wissens, der Vergangenheit, der Zukunft sowie dem Aufbau des Kosmos und dessen Pläne. Menschen, die diesen

Zustand erreicht haben, nannte man die *„Erleuchteten"*. Diese Menschen haben ihr Leben dem universellen Dienst an der Menschheit geweiht.

Das ganze Öffnen dieser Sonnentore auf ihre höchste Geschwindigkeit bedeutete, daß die Atome im Menschen die Energie auf der physischen Ebene nicht mehr halten konnten und eine Himmelfahrt in eine geistige Dimension war die Vollendung.

Einige Meister sind von den Außerirdischen an Bord von Licht- und Raumschiffen mitgenommen worden. Andere Meister dagegen, von denen es auch kein Grab gibt, haben die physische „Himmelfahrt" gemeistert. Sie haben die *„sieben Siegel"* geöffnet und sind mit ihrem aktivierten Lichtkörper in einen höheren Bewußtseinszustand aufgestiegen.

So berichten die Statuen der „Osterinseln" von den lemurischen aufgestiegenen Meistern, die die Himmelfahrt nach sehr hohem Alter gemeistert haben.

Erst unsere Kirchen und die geheimen Verbindungen zu den Logen haben die Überreste und das wahre Zeugnis der Holz- und Steintafeln der Osterinseln, die Bibliothek von *„Alexandrien"* und viele andere Zeitzeugnisse sowie die *wahre Botschaft Christus* beseitigt bzw. verfälscht, aus Angst vor Autoritätsverlust.

Die Botschaft, daß wir alle Christuskinder sind, Söhne und Töchter Gottes, die eine unsterbliche Seele besitzen, und darüberhinaus, wenn wir unsere Vollendung erreicht haben, auch mit einem universellen Körper unsterblich werden, mag neu sein.

Wenn die Sonnentore im Menschen geöffnet sind, sprengt er die bisher bekannten physikalischen Gesetzmäßigkeiten, denn er selbst wird zum Gesetzgeber und mit der universellen Quelle verschmelzen. Wenn der innere und äußere Kosmos in Übereinstimmung ist, dann wird Himmel und Erde eins sein und die Menschen, die Götter, die ihre Heimreise zur Quelle antreten, die sie selbst sind.

DAS GEHEIMNIS DER INNEREN ERDE

Der Planet selbst hat auch, wie der Mensch, sieben Dimensionen oder Körper. Diese sieben Körper sind mit den sieben Hauptenergiepforten verbunden, auch *„Chakras"* oder *„Sonnentore"* genannt, d.h. den Aktivierungspforten.
Die Meister aus Lemurien und Atlantis wußten um diese hauptgeomantischen Energievortexe. Sie bauten mit Hilfe außerirdischer Technologien und Levitation große Pyramiden auf diese Energieplätze. So stehen rund um die Welt Pyramiden auf den Energiepforten, um diese Kraftplätze zu kennzeichnen. Sie stehen im *Dschungel des Amazonas,* in den *Hochebenen von Mexico*, auf dem *Meeresgrund des Atlantiks* und *Pazifiks*, unter der *Wüste von Takla Makan*, in *China* und an vielen anderen Plätzen der Welt. Viele dieser Pyramiden wurden unterirdisch gebaut und werden erst in naher Zukunft entdeckt werden.

Pyramiden sind das Abbild der menschlichen Evolution mit den vier Dimensionen. *Gott ist die 5. Dimension, der jenseits der Pyramiden existiert.* Deshalb fehlen auch auf allen vierseitigen Pyramiden die Abschlußsteine, denn der Abschlußstein ist die Einswerdung des Menschen mit dem Schöpfer in der 5. Dimension. Deswegen hat der Mensch fünf Finger, weil er für die 5. Dimension geschaffen wurde. Die Hohenpriester benutzten die Pyramiden als Einweihungstempel, denn die Energien in den Pyramiden waren derart groß, daß bei Meditationen die Neophyten oder Schüler in andere Bewußtseinsdimensionen versetzt wurden.

Der Schüler wurde mit seinem physischen Körper und seinen Sinnen in eine höhere Welt versetzt. Er konnte dadurch die geistige Welt wahrnehmen.

Ein anderes großes Geheimnis ist bis zum heutigen Tage, daß die Pyramiden als natürliche Dimensionstore, für Öffnungen und Eingänge in die innere Erde, benutzt wurden. So wie es eine äußere Welt gibt, gibt es in der Polarität bedingt auch eine innere Welt. Mit anderen Worten - *die Erde ist hohl.*

Wie im Großen, so im Kleinen lehrte *„Hermes Trimegistos"*, alles im Weltraum ist also nach dem gleichen Organisationsschema aufgebaut. So könnte man sagen, die Erde ist wie ein riesiges Atom, innen hohl mit einem Kern, das eine innere Sonne darstellt. So wie wir als Mensch die äußere Krümmung der Erde nicht wahrnehmen, so kann man, wenn man das „Hyporea", die in Legenden erwähnten verschwundenen Kristallstädte von Agharta betritt, die innere Krümmung nicht wahrnehmen.

Durch Eingänge konnten die Eingeweihten mit den Zivilisationen der inneren Erde Kontakt aufnehmen. Bis zum Untergang von Atlantis war dieses Wissen Allgemeingut. Nach Atlantis wußten nur noch einige Naturvölker, wie die Indianer am Amazonas oder die „Hopi"-Indianer, von den Eingängen zu riesigen, unterirdischen Städten. Sie wußten zu berichten, daß kurz vor dem zyklischen Ende einer Menschheit der Same für die nächste Menschheit, von Wesenheiten, Menschen mit weißer und bläulicher Hautfarbe und goldenen, engelhaften Haaren, die aus der Erde mit Flugscheiben zu ihnen kamen, sie in die innere Welt in Sicherheit brachten.

Andere Wissenschaftler forschen schon im letzten Jahrhundert nach den Polöffnungen. Demnach soll der Südpol das *„Kopfchakra"* der Erde sein und eine riesige Polöffnung haben. Der Nordpol soll das „*Wurzelchakra*" sein. Es gab in diesem Jahrhundert zwei große Anstrengungen, diese Polöffnungen zu finden und mit den außerirdischen Rassen, die in der inneren Erde ihre unterirdischen Städte gebaut hatten, Kontakt aufzunehmen.

Die erste Expedition wurde von „*Admiral Byrd*" geleitet, vor dem zweiten Weltkrieg, die zweite war von dem Geheimbund „*Thulegesellschaft*", die hinter den Nazis die Fäden zogen, sowie die Expedition „*Akakor*". Beide Expeditionen waren erfolgreich. „*Byrd*" entdeckte die Polöffnungen mit einer Expedition der USA.

Die Nazis waren, aufgrund der geheimen esoterischen Geheimorden, besser informiert, und hatten genaue Kenntnisse über die verlorenen Städte „*Aghartie*" und "*Shambhala.*"
Sie suchten mit vielen Expeditionskorps nach den Eingängen zur inneren Welt und der verlorengegangenen Technik der Gitter wie UFOs, der Bundeslade und vieles mehr. Also sind die Filme „*Indiana Jones*" nicht nur Fiktion.

Die „Nazis" bekamen medialen Kontakt mit den Außerirdischen von der unterirdischen Stadt in der Antarktis. Sie erhielten vor dem Krieg technische Unterstützung und Bauanleitung für Flugscheiben mit Levitationsantrieben von den *Venusiern* und *Agharties*.
Am Ende des zweiten Weltkrieges sorgten die Außerirdischen dafür, daß die Technologie wieder von der Erde zurück in die Stadt Aghartie gebracht wurde. Sie hatten verstanden, daß das „Dunkle Zeitalter" noch nicht am Höhepunkt angelangt war. Mit einer groß angelegten Absetzbewegung mit 30 U-Booten wurden die Technologien zurückgebracht.
Nach dem zweiten Weltkrieg versuchte „*Admiral Byrd*" mit einer Militär-Expedition die verschwundene Technik herbeizuschaffen. Die Außerirdischen ließen ihn in das Innere der Erde zur „Goldenen Stadt" kommen und überbrachten der

Regierung der Vereinigten Staaten eine Abrüstungsbotschaft.
„Admiral Byrd" mußte bis zu seinem Tod schweigen, doch nach seinem Tod veröffentlichte sein Neffe Byrds Tagebuch.

Die „Innerirdischen" umgaben die Eingänge mit einer elektromagnetischen Schutzkuppel, in die kein Lebewesen und keine Waffe eindringen kann. Danach wurde der Menschheit größtes Geheimnis daraus gemacht und damit begann die „Ufologie", wie wir sie heute kennen.
So gibt es also eine zweite Menschheit, eine *innerirdische* Rasse, die schon vor dem Untergang von Atlantis in das Innere der Erde Städte baute.

Diese *außerirdischen* und *innerirdischen* Rassen bauten Zeitschranken und verankerten diese Städte auf einer höheren, subatomaren Schwingungsfrequenz. Diese Zeitschranken fallen nach der großen Reinigung und es werden an den verschiedensten Plätzen wieder Zugänge zu den unterirdischen Städten geschaffen. Ebenfalls werden riesige Lichtstädte über ausgesuchten Gegenden aus dem „Orbit" heruntersteigen und auf der Erde verankert werden.

Jetzt bereits werden Menschen, die eine gewisse Bewußtseinsstufe erreicht haben und an die kosmische Monade wieder angeschlossen sind, durch ihre Intuition an Plätze gezogen, die von der geistigen Hierarchie ausgesucht worden sind, um die Städte des Lichts über diesen Gebieten zu verankern.

Diese Plätze sind absolut sicher, die Raumbrüder und die geistige Hierarchie haben sogenannte Inseln des Lichts geschaffen, wo die Schwingung auf der Erde angehoben wurde, so daß sich dort alle Menschen und Lichtarbeiter finden. Solche Gebiete erkennt man daran, daß es besonders viele Menschen dort hinzieht, die sich mit höherem Wissen beschäftigen.

Diese Gebiete haben eine höhere Gitternetzverankerung, Kraftplätze, aktivierte Chakras, Eingänge in das Innere der Erde und eine präsente UFO-Überwachung.
Die Raumbrüder werden diesen Gebieten, wenn die Kataklysmen eingesetzt haben, besondere Aufmerksamkeit zuwenden, da dort der Samen für die neue Menschheit ausgesät wurde. Die ersten Kontakte werden dort auf der physischen Ebene und auf der telepathischen Ebene stattfinden.

Es werden viele kleine und große Zentren von spirituellen Menschen entstehen, die zusammen leben, an sich arbeiten, andere Menschen unterrichten, als Zufluchtsort der Ruhe dienen. Dies werden die Schulungszentren für die neue Menschheit sein, die neuen Einweihungszentren der universellen Bruderschaften. Diese Inseln des Lichts sind daran zu erkennen, daß sie keiner bestimmten Glaubensrichtung, wie „Sekten" angehören, sondern daß sie offen sind für jede Realität und wissen, daß viele Wege nach Hause führen.
Das höchste Ziel ist immer mehr *sich selbst zu leben* und bedeutet, *sich selbst zu lieben.*

Es wird auch diesmal keine Arche geben, denn diesmal ist der Mensch selbst die Arche.

DEUTSCHE EXPEDITIONEN AUF DER SUCHE NACH AGHARTA

Einige Zusammenhänge der Esoteriker des 19. Jahrhunderts und des späteren Dritten Reichs liegen heute unter dem Schleier der Vergangenheit. So lassen sich nur vereinzelt Zusammenhänge aufdecken.

Dietrich Eckart lebte eine Zeitlang am Fuße des Unterberges und war in die Mystik des Mittelalters und in die Sagen der Höhlen eingeweiht. Adolf Hitler verbrachte viele Stunden am Obersalzberg mit D. Eckart und beide waren Anhänger der Hohlwelttheorie von Hans Hörbinger und Johannes Lang.

Dem Untersberg wurde schon von den Templern nachgesagt, daß er ein Vulkan sei, mit einem Eingang zur inneren Erde und der sagenumwobenen Hohlwelt.

So gibt es Geschichten, daß Menschen im Untersberg verschwunden seien und 60 Jahre später, ohne gealtert zu sein, wieder auftauchten.

Andere Deutsche Sagen beschäftigen sich mit dem Endzeitmythos, daß König Barbarossa, der im Berg schlafe und nach Hunderten von Jahren zur letzten Schlacht vor dem Ende der Zeit hervorstürme, um mit seinen Reitern dem Guten zum Siege zu verhelfen.

Dietrich Eckart formte Hitlers Gedankengut mehr als wir heute wissen, so führte er ihn auch zur medialen Ausbildung und zeigte ihm, wie er medial Kontakt aufnehmen konnte mit der Geistigen Welt und speziell mit den Germanischen Gottheiten und dem Urvolk der Hyporeer aus Agharta.

So wurde aus einem Führer ein Geführter, der mit der Geistigen Welt und den Meistern von Agharta kommunizierte. Erst als Hitler diese Medialität voll entwickelt hatte, propagierte Dietrich Eckart den Führergedanken bei der Thulegesellschaft und in den völkischen Esoterikerkreisen.

Schon während des Ersten Weltkrieges startete das Deutsche Militär verschiedene Expeditionen, die als Deutsche Kolonien bekannt wurden. Verschiedene Esoteriker wie General Luddendorff, die gute Verbindungen zu Stiftungen und Ordensburgen hatten, unterstützten die Expeditionen und ihre Suche nach den verlorenen Städten und Schätzen der alten Atlantischen Hochkultur.

So untersuchte Edmund Kiss schon in den frühen Zwanzigern mit einer privat finanzierten Expedition verschiedene Gebiete in Südamerika und entdeckte dort ein weitverzweigtes Höhlensystem mit einem Eingang ins Innere der Erde.

Die verschiedenen esoterischen Gesellschaften mit ihren ländlichen Ordenshäusern und später auch Ordensburgen waren die Treffpunkte dieser Esoteriker-Elite, die sich alle als geführt ansahen, dieses alte Wissen um Atlantis und den Indogermanischen Prohezeiungen zu heben.

Die Vrilgesellschaft beschäftigte sich mit der verlorengegangenen Technik der Götter und deren Antriebskraft "Vril". In dieser Gesellschaft liefen alle Informationen zusammen, die sich mit der Technik um die Polarität und Levitation beschäftigten.

Als dann die Nationalsozialisten an die Macht kamen und die alten Verannenbünde und Seilschaften ihre Aufgabe erfüllt hatten, begannen die Esoteriker von damals ihre Expeditionen auf Staatskosten auszubauen.

Es wurden verschiedene geheime Arbeitskreise eingerichtet, die vom Dritten Reich finanziert wurden.

Das Büro der Gruppe Ahnenerbe beschäftigte sich nicht nur mit Rassenkunde, sondern dort wurden auch hochrangige Esoteriker damit beauftragt, zusammen mit normalen Archäologen und Wissenschaftlern nach der Vergangenheit der Arier zu suchen.

Es gab verschieden Expeditionen des Dritten Reichs, die über die Ordenshäuser und Stiftungen abgewickelt wurden.

Edmund Kiss reiste ein zweites mal nach Südamerika mit einer Eliteeinheit von Wissenschaftlern und modernster Technik um in das Innere der Erde vorzudringen und Agharta zu finden.

Angeblich sollen sie in einer der Großraumhöhlen ein Raumschiff aus Atlantis gefunden haben. Es wurde die Geheimgesellschaft Akkador gegründet, die die Aufgabe hatte, auch über einen Krieg hinaus die Technologie auszuschlachten.

Mußte deswegen der ARD Korrespondent Karl Brugger in den 70er Jahren sterben, weil er ein Buch veröffentlicht hatte, das auf eine bis heute aktive Rolle dieser Gesellschaft hindeutete?

Eine weitere Expedition wurde zum Südpol gestartet, "Expedition Schwabenland", um die eisfreien Länder zu finden und den Eingang ins Innere der Erde zu erforschen.

Eine andere Expedition wurde zu den Geysiren nach Island gestartet, da es Insider-Geschichten gab, daß man dort ins Innere der Erde gelangen konnte.

Eine weitere Expedition wurde von Swen Hedin in die Taklamakan Wüste (Tibet-China) unternommen, um die Spuren der alten Kultur von URD zu finden.

Eine weniger bekannte Expedition wurde zu einem Bergmassiv in einer Afrikanischen Wüste unternommen, da es dort Geschichten von den Eingeborenen gab, daß ein Höhlensystem exisitiert, aus dem Fluggeräte auftauchten, welche von den deutschen Expeditions-Korps gesichtet wurden.

Unter dem Tarnnamen Wielandschiede wurden alle Informationen über die Technik der Innerirdischen oder Außerirdischen zusammengefaßt und über die SS E 4 an die Ingenieure der Rüstungsindustrie weitergeleitet, um die Neue Technik zu entwickeln.

Die Flugscheiben aus Agharta waren das Ergebnis dieser Forschungsarbeiten.

DAS DUNKLE ZEITALTER

Während der Herrschaft eines „Dunklen Zeitalters", das Zeitalter des Getrenntseins, ist all das überbrachte Wissen und die Offenbarung eingefärbt.
Jede religiöse Instanz ist eine Sekte, eine Abspaltung von der eigenen göttlichen inneren Wahrheit des Lebens. Religion ist etwas, was im allerheiligsten Tempel Gottes, dem Menschen selbst, im Inneren seines Herzens, in Kommunikation mit seinem innersten, höchsten Selbst, geschieht.

Durch das „Dunkle Zeitalter" hindurch gelangten unzählige gefallene Sonnenkosmologien, dogmatische Glaubensanschauungen auf unsere Erde, die jetzt unsere Religionen sind, und den Höhepunkt des sich von sich selbst getrennten Seins darstellt. Gotteskanäle, Propheten, Medien, erhielten nur aus der von Gott erschaffenen, abgetrennten Dimension ihre Botschaften. Meistens waren die reinen Botschaften vermischt mit Informationen aus der Astralwelt und ihrem eigenen Ego.

Es gibt so viele Wahrheiten und Religionen, wie es Welten und Himmel von Polaritäten und Entwicklungsstufen im Kosmos und ihren verschiedenen Dimensionen gibt. Jede gesellschaftliche Struktur, die der Macht der Lobbies dient, anstatt dem Menschen zu dienen, ist eine Abspaltung und wird sich letztendlich umgestalten oder in sich selbst zerfallen.
Alles Wissen ohne Lieben ist eine Abspaltung vom Sein.

Während das alte Programm des „Dunklen Zeitalters" mit den alten Lichtarbeitern - *den Illuminaten* - ausläuft und ihre Pläne einer Weltdiktatur, über das Kapital die Welt zu beherrschen, durch die Erdveränderungen zerfallen, sind schon die neuen Lichtarbeiter der galaktischen Konföderation inkarniert, um die Menschheit ins neue Goldene Zeitalter zu führen. So möchten uns die Raumbrüder, nach der großen

Transformation der Menschheit, als kosmische Bürger in die galaktische Konföderation freier Planeten aufnehmen.
Die *dunkle,* wie die *weiße* Macht dient nur einem Herrn, *dem Schöpfer allen Seins,* mit dem fernen Ziel, den Übermenschen zu erschaffen. Das Endziel der menschlichen Reinkarnation ist es, einen Menschen zu erschaffen, der alle je erdenklichen positiven und negativen Erfahrungen durchgemacht hat und dadurch, jenseits der Bewertung, sich zum Mensch gewordenen Abbild Gottes entwickelt. Ein Mensch, der Gott geworden ist, hat die ganze Bandbreite des kosmischen Klaviers vom tiefsten bis zum höchsten Ton durchlebt.

Denn Gott bewertet nicht, er bestrahlt wie eine Sonne all seine Geschöpfe, ob Blumen oder Unkraut.

Das Experiment „Dualität" ist jetzt zu Ende und der Planet Erde ist der Aufstiegsplanet, auf dem der Schöpfer selbst in Form von Menschen inkarniert. Die Rückkehr der aufgestiegenen Bruderschaft ist die Rückkehr der *Herren des Lichts,* kosmische Monaden, die in Form eines Menschen inkarnieren und zusammen die weiße Pyramide, das allsehende Auge Gottes, die Anwesenheit des Höchsten auf Erden repräsentieren. Sie sind die vorab geöffneten Zeugen, die alle den selben Prozeß des Aufstiegs aus einer anderen Sichtweise beschreiben werden, da sie ihn schon einmal mitgemacht hatten.

Diese 144.000 Meister unterstehen dem großen Mysterium des Unaussprechlichen, der in Form seiner höchsten Persönlichkeit „*Christus*", auch „*Maytreya*", den „*Buddha der Synthese*" oder „*Krishna* „genannt, vor 2000 Jahren die Welt der Dunkelheit betrat, um selbst ein sterblicher Mensch zu werden - *viele Namen für den einen Geist der Erde.*

Gott selbst war durch seinen Sohn, den planetarischen Logos, die Seele der Erde, aus dem alle Himmel, alle Dimensionen,

alle Halbgötter, alle Welten der Polaritäten hervorgegangen sind, Mensch geworden, um den tiefsten aller Planeten zu erheben.
Als die Welten der Polaritäten sich in allen Dimensionen am weitesten von ihm abgespalten hatten, ist er in Form eines Menschen inkarniert, um die Getrenntheit zu überwinden. Denn alle Himmel und Götter waren bis dahin dem Gesetz der Polarität unterworfen. Sie waren nur Teilwahrheiten auf höheren Ebenen. Jetzt müssen alle Halbgötter selbst inkarnieren, um ihre Halbwahrheiten wieder aufzulösen. Die Zeit der Meister und Gurus geht zu Ende, denn jeder Mensch wird in Zukunft seine eigene Meisterschaft, unter Führung seines höheren Selbstes, erlangen. Jetzt folgen ihm die Meister der Weisheit, um ihre Vollendung anzutreten, was bedeutet, das zu Fleisch gewordene kosmische Gesetz der Inneren Ordnung zu verkörpern.

Die normale Menschwerdung mit all ihren Höhen und Tiefen ist die größte Meisterschaft, die höchste aller Tugenden, das Mitgefühl und die bedingungslose Liebe und Weisheit zu vereinen. Diese vollendeten Meister werden als ganz normale Menschen wieder beginnen, als Brüder unter ihnen zu leben. Keiner dieser aufgestiegenen Meister wird jemals wieder behaupten, ein Meister oder Lehrer zu sein. Sie werden nur den Prozeß des Aufstiegs als Zeuge beschreiben. Sie werden keine neuen Konzepte zur Erleuchtung verteilen, da die höchste Weisheit ist, das Leben wie es ist, als Ausdruck göttlichen Seins, zu verehren.
Es gibt nichts zu erreichen, *Erleuchtung* ist die natürliche Grundlage des Lebens, die täglich durch unsere Erfahrungen und unser Lernen wächst, damit wir immer mehr wir selbst werden.

Alle spirituellen Konzepte und Wege sind nur Stufen
bis zu dieser Erleuchtung des
„Mensch-Gottseins"

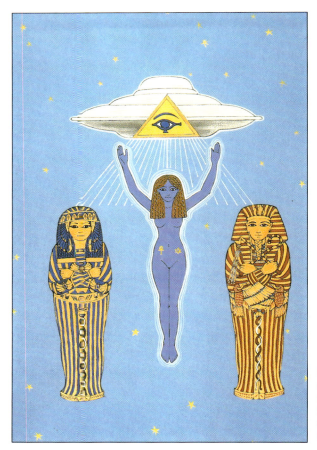

Die *Atlantischen Lichtkinder* und außerirdischen Seelen, die zusammen mit den Sanftmütigen aller Zeitepochen jetzt wiedergeboren werden.

Die Außerirdischen von den verschiedensten Systemen, wie Orion, Plejaden, Sirius, Alpha Centauri, die den Auferstehungsprozess überwachen

„*Die Santiner*" von Alpha Centauri und die dunklen Meister vom Orion.

Die Hohenpriester von Atlantis waren in regelmäßigem Kontakt mit Außerirdischen.

Die *Steintafeln von Babylon* zeigen den Lebensbaum und ein Raumschiff, das darauf hindeutet, daß auch hier die Bruderschaft am Werk war.

Eine Sphinx-Nachbildung der Römischen Bruderschaft, die auch das Geheimwissen hatte, das der Mensch sich vom Tiermensch zum Gottmensch reinkarnieren muß.

Der Planetarische Geist.
Feuer und Wasser sind Eins.

Der *AVATAR* der Synthese hilft der Erde beim Aufstieg.

Die unsichtbaren geistigen Helfer der Menschen früherer, aufgestiegener Kulturen.

Die geistigen Helfer heilen die Menschen bei der Meditation.

Die Torwächter der Polarität.
Erst wenn der Mensch die Polarität überwindet, findet er den Weg ins *"IST"*.

Geheime unterirdische Gänge führen ins Innere der Erde.

Die Pyramiden stehen auf Kraftplätzen und wurden als Einweihungsstätten benutzt.

Haunebu III, über 50 m ø.
Deutsche Flugscheibe mit
Antischwerkrafts-Erzeuger.
Außerirdische Technologie
aus Agharta.
Foto vom Südpol.

Haunebu II, über 26 m ø.
Deutsche Flugscheibe mit
Antischwerkrafts-Erzeuger
und Laserkanone.
Außerirdische Technologie
aus Aghartie.
Foto aus Südamerika, Geheimgesellschaft AKAKOR.

Vril Flugscheibe, ca. 20 m ø,
wahrscheinlich vom MBB-
Vorläufer entwickelt.
Antischwerkrafts-Technologien nach esoterischen Polaritätsprinzipien.

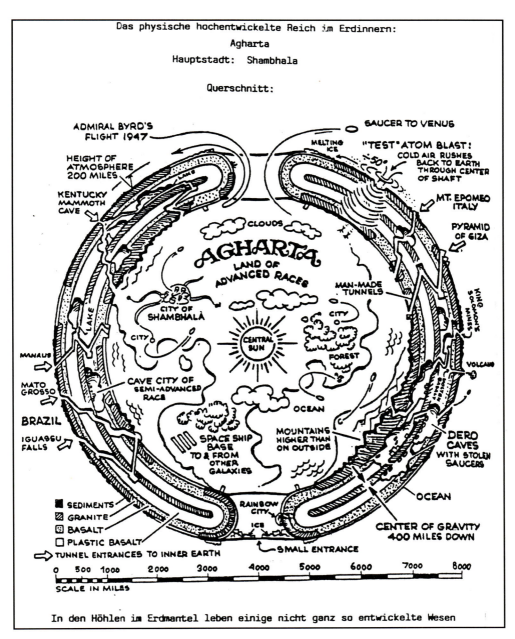

Agharta und *Shambhala* Karte zeigt die *"Hohle Erde"*.

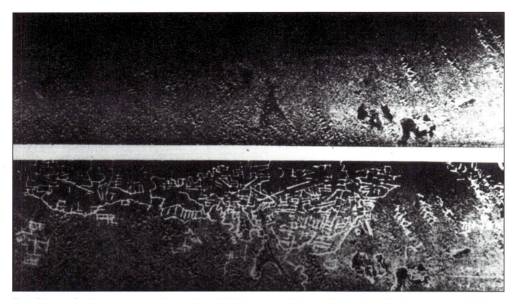

Satellitenaufnahme des amerikanischen Militärs vom südamerikanischen Dschungel von Bolivien. Der Satellit fotografiert bis 25 km tief in die Erde und zeigt Höhlensysteme und Wasserkanäle einer unterirdischen Stadt.

Bild zeigt verlorene Städte von Atlantis im Inneren der Erde mit Fluggeräten.

Kapitel 5

DIE SCHLACHT DES HARMAGEDDON
(Der Wahrheitsfindung)

Seit Urzeiten tobt ein Kampf der Gegensätze der Polarität in allen materiellen Welten. Der ganze Kosmos war in einen „Krieg der Sterne" verwickelt - in einen Krieg der Gegensätze.
Die dunkle Seite des Universums ist symbolisch die *männlich* gepolte Seite. Die helle Seite des Universums ist symbolisch die *weiblich* gepolte Seite.
Die dunkle Macht des Kosmos, die „*dunklen Lords*", stehen hinter der galaktischen, imperialen Allianz, der fast alle Planeten der dritten und vierten Dimension angehören.
Die weiße Macht des Kosmos, die „*weißen Lords*", stehen hinter der galaktischen Konföderation, der unzählige Planeten der fünften, sechsten und siebten Dimension angehören. Nach endlosen Weltraumschlachten einigte sich der Rat der „24 Weisen" - *12 weiße* und *12 schwarze Meister* -, daß die Planeten nach ihrer Bewußtseinsentwicklung verschiedene helle und dunkle Zeitalter durchlaufen, in denen sie sich als Lehrer abwechseln.

Als der Kosmos auf dem Höhepunkt der Gegensätze angelangt war, beschloß der Schöpfer, der jenseits seiner Schöpfungen existierte, einen neuen Schöpfungsplan.
Nach diesem Plan sollte ein Planet erschaffen werden, mit einem universellen Menschen, auf dem die Gegensätze sich wieder vereinen sollten.
Dort sollte ein „Übermensch" erschaffen werden, der alle Gegensätze nach Tausenden von Leben durch Reinkarnation wieder in sich vereinigt. Er soll sich zum universellen Menschen entwickeln, über jede Bewertung, was gut oder schlecht ist, erhaben werden, um in der Synthese die allumfassende Liebe Gottes in menschlicher Form zu verkörpern.

So ist der zukünftige Mensch das Wertvollste, was es im Kosmos gibt. Alle werden kommen um ihn zu sehen, denn er ist der große Hoffnungsträger für alle gespaltenen Welten.

Seit dem Untergang von Atlantis und mit dem Beginn des „Dunklen Zeitalters", traten die Sonnenherrscher und die geistigen Mächte und ihre Raumbruderschaften vom „Orion", die Zeit ihrer Lehrerschaft an. Jetzt, wo das männlich gepolte Zeitalter zu Ende geht, sind diese Bruderschaften auf dem Höhepunkt ihrer Macht auf Erden angelangt.

Im „Dunklen Zeitalter" entstehen unter den kosmischen Sonnenhierarchien Patriarchate, die auf Erden ihren Höhepunkt durch die Imperatoren und männlichen Diktaturen widerspiegeln. Diese kosmischen, geistigen, männlich gepolten Kräfte bestimmen das Grundprinzip aller gesellschaftlichen Strukturen und Zivilisationen während des „Dunklen Zeitalters".
Man kann diese Kräfte als die materiell gebundenen geistigen Kräfte bezeichnen - *die Omega-Kraft.* Das Bewußtsein des Menschen ist an die Materie gebunden und soll sich durch die Reinkarnation langsam aus der Verhaftung befreien und seinen Geist zu den höheren selbstlosen Tugenden erheben.

Von den *„schwarzen Tugenden"* des „Dunklen Zeitalters" sind alle Menschen, ohne Ausnahme, beeinflußt. Nur ein Teil der Seelen hat im Laufe ihrer Reinkarnation die materielle Verhaftung des Egoismuses durchlebt und transzendiert. Die negativen Eigenschaften von Kontrolle, Dominanz, Manipulation, Berechnung, Mißtrauen und Schuldprogrammierung, entstehen schon zwischen Eltern und Kindern in einer nonverbalen Ego-Sprache. Wie sollte dann das Verhältnis zwischen Bürger und Staat anders sein. Das hierarchische Denken wird unseren Kindern schon von klein auf vorgelebt. Das Konkurrenzdenken der imperialistischen Ego-Gesellschaft sorgt für endlose Konflikte einer auf Mangel orientierten Überlebensgesellschaft.
Der Mensch ist so in seinem auf Mangel orientierten Überlebenskampf verwickelt, daß er gar nicht bemerkt, daß er Sklave seines eigenen Systems geworden ist.

Nur noch die reine Seele der Jugend protestiert gegen diese denaturierte Welt, mit ihren Arbeitssklaven für eine Elite der Imperialen Allianz, der reichsten Familien und ihrer künstlich erzeugten Märkte und Bedürfnisse.

Der Mensch wird schon von klein auf programmiert auf Mangel- und Konkurrenzdenken. Die Konditionierung und Programmierung ist so perfektioniert durch Werbung und Wertedenken, daß der ganze Lebensinhalt, mit dem sich der menschliche Geist beschäftigt, materielle Werte sind. Liebe wird durch Imponiergehabe, Statussymbole, Idole, Konsum und Leistungsanerkennung ersetzt.
Der normale Mensch lebt nur noch im *Äußeren,* verstrickt im alltäglichen Leben, die künstlich vorgegebene Gesellschaftsnorm zu erfüllen.
Die mangelorientierte Eigenwilligkeit ist die erste Abspaltung von der inneren göttlichen Führung des höheren Selbstes. Das Begehren und Wünschen ist die Ursache, die den Menschen von Leben zu Leben an die Kräfte der Materie bindet.

Wieder einmal hat eine Menschheit scheinbar einen „Turm zu Babel" gebaut, was symbolisch die gesellschaftliche Abspaltung von den natürlichen Lebensgrundlagen bedeutet. Der Mensch vergaß, daß die „Mutter Erde" ein von Gott erschaffenes, lebendes Planetarium ist, dessen natürliche Organisationsformen ein perfekter Kreislauf war, in dessen Lebensgrundlage der Mensch in Harmonie eingebunden war.

Als der Mensch anfing, seine heilige Verbindung mit ihr zu lösen und das Land zu verlassen, begann der Abstieg. Die Menschenansammlungen in großen Städten lassen die Erde wund werden und sie gleichen, von Satellitenaufnahmen, Krebsgeschwüren. Die Menschenkonzentrationen verlangen nach immer größerer Denaturierung und Konservierung der Lebensmittel.

Die auf Überlebenskampf ausgerichtete Marktwirtschaft und deren Industrialisierung überflutet die Erde mit Müllhalden, sie zersiedelt die natürlichen Energielinien.
Der natürliche Reinigungsmechanismus des Erdmagnetismus, Wassermagnetismus und Luftmagnetismus ist weitgehend schon angegriffen.
Der *Erdmagnetismus* wird durch den gierigen Abbau der Erdmineralien der Großindustrie immer mehr beschleunigt.
Der *Wassermagnetismus* wird durch die Begradigungen der Flüsse und Rohrleitungssysteme und übermächtiger Industrie- und Hausabwässer so beschleunigt, daß die Flüsse eiternden Abwässern näher kommen.
Der *Luftmagnetismus* verliert durch Ozon, Smog, Radarstrahlen und Funktelefonwellen immer schneller die Kraft.

Der Mensch selbst hat vergessen, daß er nicht nur von Nahrung lebt. Den größten Teil seiner Energie bezieht er aus diesen feinstofflichen Energien, denn er ist ein Teil dieser „Odkraft", wie sie *„Wilhelm Reich"* schon in diesem Jahrhundert wissenschaftlich dokumentiert hat.

Der heutige Mensch lebt zum großen Teil von toter, künstlicher und denaturierter Nahrung, die durch Kochen und Konservierung auch den Magnetismus verloren hat. Die Chemie und falsche Eßgewohnheiten lassen den Menschen als Spiegel zurück, daß sein Organismus genauso übersäuert ist, wie die Wiesen, die er mit Nitraten überdüngt. Der ideale Nährboden für alle Zivilisationskrankheiten.

So ist der Krebs der Spiegel für den Krebs, den der Mensch für den lebenden Organismus Erde darstellt und die Immunschwäche für den Raubbau an den Lebenskräften der Erde. Die Rinderpest ist die direkte Antwort für das Karma der Tierhaltung und der Massentierhaltung. Fast alle Krankheiten sind direkt auf die Abspaltung von den natürlichen Lebensgrundlagen der Erde zurückzuführen.
Die Menschheit hat nur die Chance sich zu besinnen, daß die

Natur die göttliche Ordnung ist, und daß wir ihr alles abschauen können und möglichst alles so lassen, wie es ist. Der Mensch war als Gärtner und Behüter gedacht, nicht als *Zerstörer*.
Solange der Mensch sich nur als Verbrennungsmaschine versteht, kann er auch nur Verbrennungsmaschinen erfinden. Erfindungen über freie Energieerzeuger, wie Magnetstrommotoren, Wasserstoffmotoren, Tachonenenergie, welche ohne negative Auswirkungen auf unsere Umwelt wären, werden seit geraumer Zeit von den Energielobbies, in Zusammenarbeit mit den korrupten Politikern, weltweit aus Angst vor Profit- und Machtverlusten, unterdrückt.
Die Patente werden aufgekauft und in Tresore gelegt. Erfinder werden ihres Lebens bedroht, denn ein Wechsel von einer negativen Energiegewinnung auf eine positive würde das ganze künstliche, negative Machtverhältnis einiger Multis zur arbeitenden Klasse zum Kippen bringen. Sie würden die Kontrolle verlieren, wenn es unbegrenzte, kostenlose Energie geben würde.

Da die kosmische Wahrheit der Ganzheit in allen Erfindungen des „Dunklen Zeitalters" nicht berücksichtigt ist, kann der Mensch auch nur eine von der Ganzheit abgespaltene Technik erfinden, die seine eigenen Lebensgrundlagen bedroht.
Aber all das hat seine Berechtigung im kosmischen Plan der Menschwerdung, denn die menschliche Seele ist in der Schule des Lebens, um Mensch zu werden. Das heißt, alle Erfahrungen im Prozeß der Menschwerdung, seien sie noch so negativ, sind im Plan der Schöpfung enthalten.
Die Menschheit und ihre Rassen sind in einem Ausbildungsplan, der von den unsichtbaren, kosmischen Intelligenzen genau festgelegt ist. Nichts kann geschehen, was nicht in diesem Plan enthalten ist. Das bedeutet, daß es nichts wirklich Negatives gibt.
Alles, was die Menschheit hervorbringt oder was der einzel-

ne Mensch als Erfahrung wählt, ist und bleibt nur eine Erfahrung aus einer höheren Betrachtungsweise.
So ist das Karma ein berechtigter Teil dieses Schöpfungsplans, den die Menschheit als Kollektiv oder als Einzelner in seiner Ausbildung wiedererfährt und neu erschafft.
Keine Generation, kein Mensch kann sein Karma verbessern oder verschlechtern, denn wenn einer Gruppenseele oder einem Menschen noch eine Erfahrung auf dem Weg der Menschwerdung fehlt, braucht er diese zum Verstehen des „Ganzwerdens".

So sind also alle Erfahrungen, alles was wir tun, sei es einen Menschen zu töten, Kriege zu führen, die Natur zu zerstören, in Gottes Augen richtig, denn er weiß, egal wie oft wir diese Erfahrungen wiederholen, bis wir daraus gelernt haben, daß wir eines Tages zum Verstehen gelangen und in unserer Entwicklung fortschreiten. In Gruppen- und Zeitzyklen wiederholen diese inkarnierten Seelen ihre Erfahrungen, um ihre negativen und positiven Erfahrungen auszutauschen.
So wird ein Täter zu einem Opfer und ein Umweltsünder von damals zu einem Umweltschützer von heute.

Wir erschaffen durch unsere Verurteilung, durch das, was wir als Negativ sehen, unser *Karma*, so daß wir genau diese Lebenssituation durchlaufen, die wir in der Vergangenheit bei jemandem verurteilt haben.
Erst wenn wir aufhören, über unsere eigenen Erfahrungen und die Erfahrungen anderer zu urteilen, löst sich das ewig drehende *Karma-Rad* der Menschwerdung auf und wir überwinden die Polarität.

So ist es also richtig, daß die materiellen Kräfte mit ihren Atomkraftwerken, mit ihren Chemiewerken, mit ihrer Korruption, mit ihrer Rüstungsindustrie, ihren Atombombentests, die Erde scheinbar zerstören, denn es sind nur Erfahrungen, die sie später teuer zurückerhalten, um die Erfahrung auszutauschen.

In Gottes Augen ist es in Ordnung, wenn die Seelen von „Malona" (Luzifer) ihre Erfahrungen endlos wiederholen wollen, einen Planeten mit einem atomaren Holocaust zu zerstören, bis sie eines Tages als Umweltschützer eines anderen Planeten geboren werden.

Das Niedere hatte über Jahrtausende Berechtigung, diesen Planeten in Dunkelheit zu halten, indem die Massen der Menschen noch unbewußt waren.

Doch jetzt ist die Zeit, wo das Bewußtsein der Menschheit einen Sprung zur globalen Erleuchtung machen wird.

Und so steht es geschrieben:

...„Bevor der wirkliche Herr dieser Welt mit der Lichtbruderschaft zurückkommt, werden alle Propheten aller Zeiten wiederkehren und diese Rückkehr ankündigen, und die Schlacht des Hamagedon (der Wahrheitsfindung) stattfinden."

Die mächtigen und materiellen Kräfte dieser Welt bauen eine neue Weltordnung im Äußeren. Die wirkliche Macht dieser alten Welt, sei es die Finanzmacht oder wirkliche Politik, wird ohne den Menschen von den Logen, hinter verschlossenen Türen auf dem Reißbrett, schon Jahrzehnte zuvor gemacht. Alle Strukturen der Wirtschaft, der politischen Systeme bis hin, was wir wissen und glauben dürfen, ist uns vorgegeben.

Die Fäden der Macht laufen bei den 99 reichsten Familien und ihren Geheimlogen zusammen. Die wiederum regieren, mit supernationalen Interessen, über jedes marionetten-politische System hinweg, alles Geschehen dieser Welt. Dieses Geheimorganisationsnetz ist so dicht, daß ihnen nichts entgeht. Sie kontrollieren die Wirtschaft durch das Banksystem und durch die teils privaten Bundesbanken der Staaten sowie die Politik durch deren Staatsverschuldung. Sie rekrutieren die Jugend über die Studentenverbindungen bis hin zum Trendsetter.

Alle großen Medien, von Zeitung bis Rundfunk, bis hin zum

Fernsehen werden von Logenbrüdern kontrolliert. Ihre Auserwählten der Logenverbindungen werden dann auf die politische Bühne oder auf die wichtigen Funktionen eines jeden Staates gesetzt. Es gibt fast kein Land der Welt, das nicht durch diese geheime Führung regiert wird.

Wenn dann doch Menschen diese „gelenkte" Welt erkennen, haben sie ihre Mittel und Maßnahmen, wie sie die Wahrheit weiter verhindern.

Es sind völlig unbekannte Leute, die hinter den *„Rockefellers"*, den *„Rothschilds"* und den Organisationen der *„Bilderbergs"* und ihrem Finanzimperium der Banken stehen.

Es ist immer noch die „Bruderschaft aus Atlantis", die hier ihre Arbeit im Verborgenen, von Ägypten über Babylon, über die Templer in die Neuzeit durch die Freimaurer fortsetzt und neuerdings, mit Hilfe der außerirdischen Technologie, der „Orion-Bruderschaft", die Macht der geistigen Führung in den Händen hält.

Und so ist die geistige Elite dieses Planeten, seit Jahrtausenden, ein Spielball dieser Geheimorganisationen. Sie schenkten den Menschen Wissen, welches sie so fasziniert, daß jeder der für sie arbeitet, wirklich glaubt, daß er ein Erwählter ist.

Die Eingeweihten haben seit Jahrtausenden mit Außerirdischen der geistigen Hierarchie Kontakt. So war es im „Salomonischen Tempel" und so ist es heute die Elite, die der Menschheit um einige Jahrhunderte in ihrer Entwicklung technisch, wie spirituell, voraus ist.

Schon vor der ersten Mondlandung waren geheime Organisationen supernationaler Konzerne mit einer geheimen Technik der Nazis in den 60er Jahren auf dem Mond und auf dem Mars.

So gibt es also zwei Realitäten in dieser Welt. Die eine, die jeder kennt (öffentliche Meinung) und die der 3. Dimension. Die Menschen der *normalen* Realität sind *exoterisch* erzogen und übernehmen in ihrer normalen Welt, was man ihnen vorsetzt. Sie spielen die Gesellschaftsspiele was es heißt, ein guter Bürger zu sein und programmieren sich von Generation zu Generation gegenseitig in ihre „Heile Welt" des Menschseins. Ihre Verhaltensmuster werden durch die Erziehung der Eltern, der gesellschaftlichen Norm und durch Religion geprägt.

Die Menschen der sogenannten *geheimen* Realität sind *esoterisch* erzogen. In ihrer Welt der Einweihung wissen sie das, was man ihnen stückchenweise offenbart. Ihre Realität ist in der 4. Dimension der spirituellen Konzepte verankert.
Alle sogenannten „Eingeweihten" wissen nur soviel, wie man ihnen sagt. Sie alle halten sich für irgendwelche Erwählte und merken nicht, daß sie dadurch keine Liebe entwickeln, wenn sie sich über andere stellen und sie zu führen versuchen.

Alle Freimaurer, Hierarchien und Logenmitglieder jeglicher Art sind Werkzeuge. Sie haben zwar das Wissen und die Macht, aber sie selbst haben nur in geringem Maße eine direkte innere Gotteserfahrung. Sie alle werden sich am Tag der Offenbarung des inneren Kosmos wünschen dabei zu sein, jedoch sie alle sind Werkzeuge eines Systems, das nur durch Geheimhaltung von Ehrenkontext, von Selbstmord bis hin zur Morddrohung und durch Angst innerhalb der Eingeweihten, funktioniert. Die alten Lichtarbeiter und Baumeister der Hierarchie werden durch einen neuen Plan abgelöst.

Um der Erde die geistige Befreiung zu geben, haben sich Millionen freiwillige Lichtarbeiter höherer, geistiger Planeten jetzt inkarniert, welche die totale Erinnerung mit sich tragen. Und erst wird es wie ein Wind der Wahrheit sein, dann wie ein Sturm, bis die Wahrheit alles im Inneren und Äußeren des Menschen und der Welt verändert hat.

Die geistigen Erzieher der Bruderschaft haben nur solange einen Erziehungsauftrag auf der Erde, solange die Menschheit in der dritten und vierten Dimension der unbewußten Menschwerdung verweilt.

Deshalb ist die *„Erweckung"* (Auferstehung) der Aufstieg der Erde in die 5. Dimension der einzige Weg, daß die Menschen im nächsten Schritt ihrer Evolution ihre Vollendung erlangen.

Die *Erweckung* oder *Auferstehung* ist ein Bewußtwerden über diese Dinge und ein sich Befreien von jeglicher Meinung, um zu seiner eigenen innewohnenden Göttlichkeit, Souveränität zurückzugelangen.

Das Sterbenlassen einer jeglichen Autorität und vorgefaßten Meinung, ist einer der ersten Schritte in die Freiheit.

Diese Auferstehung beinhaltet die Überwindung der Polarität. So ist das Negative nur ein Prüfstein.

Das Kontrolldrama der geheimen Weltregierung durch die Illuminaten, Freimaurer und Kapitallogen über die Menschheit, ist nur ein Spiegel des Kontrolldramas zwischen Eltern und Kinder.

Jahrtausende hat die Bruderschaft der Menschheit alles gegeben was sie hatte, mit dem festen Ziel, sie zu einem Gottmenschen zu erziehen. Jetzt ist die Zeit gekommen, wo der alte Plan, den „Tempel Gottes" zu mauern, abgeschlossen wird und durch einen neuen Plan des *Aufstiegs* und der *Auferstehung* der Menschheit ersetzt wird.

Die Bruderschaften waren wie das Gerüst, die Verschalung, um diesen „Tempel Gottes" zu bauen. Jetzt aber, wo das Haus Gottes fertig ist, muß auch das Gerüst eingerissen werden.

Die Kinder dieser Welt müssen sich eines Tages von ihren geistigen Eltern abnabeln und so werden die geistigen Eltern dieser Welt die Menschheit erst entlassen, wenn sie reif genug sind, ohne geistige Führung auszukommen.

Alles Negative, was diese geheime, geistige Führung den Menschen als Prüfstein in den Weg gelegt hat, sei es alle großen Kriege, die finanziert worden sind, oder Aids, das in den Labors mit den Außerirdischen zur Bevölkerungs-Wachstumsbegrenzung erschaffen wurden, ist nur eine Maßnahme aus ihrer begrenzten Sichtweise, daß nur die „Gotterwählten" den neuen Schöpfungszyklus im neuen Jahrtausend erreichen sollen. So denken sie der Schöpfung nachhelfen zu müssen und denken dabei wie viele andere Sekten, daß sie die „Erwählten" sind. Sie sind es nicht und die, die es wirklich sind, die wissen es nicht, denn das Alte kann niemals in einen neuen Zyklus übernommen werden.

Bevor das neue Kind - die neue Menschheit - *wie ein Phönix aus der Asche* - geboren wird, haben diese geistigen Eltern den Kindern noch alle Widerstände in den Weg gestellt, damit die Menschheit lernt, die Polaritäten zu überwinden.

Die Auseinandersetzung um die geistige Selbständigkeit der Menschheit hat bereits begonnen. Auf allen Ebenen wächst ein Paradigmawechsel zum ganzheitlichen Wissen.

Die Religionen zerfallen und der *spirituelle Mensch wächst.*
Die Chemie verliert an Boden und das *Natürliche setzt sich durch.*
Die Krankheitsindustrie verliert Kunden und die *Homöopathie erhält Zuwachs.*
Überall kann man diese Auseinandersetzung zwischen den konservativen Kräften des monologen Denkens und den neu-spirituellen Kräften des holistischen Denkens schon beobachten. Die *„Schlacht der Harmageddon"* hat also begonnen.

Viele Propheten treten auf und deuten die alten Schriften und sehen das Böse in den geheimen Bruderschaften - der Regierungen. Durch die Polarität bedingt, gab es auch schon die ersten Auseinandersetzungen zwischen der Eliteeinheit der Illuminatis und einigen Sekten. Beide Seiten beschuldigen sich, das Böse zu sein.

Der Kampf um die amerikanische Sekte „Branch Davidians" (Waco, Texas) und die Morde an den „Sonnentemplern" in der Schweiz und Canada waren erst der Anfang.

Die größte Auseinandersetzung jedoch kommt erst noch zwischen den alten spirituellen Kräften der Logen und den

neuen Kindern des Lichts, denn sie werden versuchen, das Neue wieder in alte Bahnen zu lenken. Immer dann, wenn sie einen Paradigmawechsel nicht mehr aufhalten können, versuchen sie das Neue durch Infiltration wieder neu unter ihre Kontrolle zu bringen, um die Pyramide der Macht aufrecht zu erhalten.
Der *„Wolf im Schafspelz"* wird, wenn er die Naturbewegungen nicht mehr bremsen kann und auch die Friedensbewegungen, die Antiatomkraft und die freien Energiekonverter nicht mehr stoppen kann, ganz plötzlich unglaubliche Kapital-Fonds bilden, um alle diese neuen Bewegungen wieder unter seine Geldabhängigkeits- und Banken-Gesellschaftsnormen zu bringen.

Die Logen und die Industrie werden dann so tun, als wären sie schon immer mit den Banken einer Meinung gewesen, um diese großen gesellschaftlichen Veränderungen herbeizuführen.
Nur diesmal haben sie die Rechnung ohne den Wirt gemacht, wenn diese Weltelite glaubt, sie habe alle Trends wieder im Griff und sich allen neuen spirituellen Kräften wieder in ihr System der einen Weltordnung angepaßt, dann kommt der wirkliche Herr dieser Welt und er kommt im Inneren Kosmos.

Die geistige Welt baut eine neue Weltordnung im Innern des Menschen bis zum Tag der *„Scheidung der Geister"*.
Dann wird jeder sehen können, wer er wirklich ist, denn jeder wird dann daran bemessen, was er im Inneren verändert hat und nicht im Äußeren. Von dem Tag an werden nur die sein, die sich für den inneren Herrn entschlossen haben und auf seine eigene innere, geistige und seelische Führung geachtet haben. Alle Autoritäten dieser Welt, alle Religionen, alle Dogmen, alles Wissen dieser Welt, alle Sicherheiten, alle Überlebenskonzepte, seien es weltliche oder spirituelle, werden dann ihre Gültigkeit verlieren, wenn der innere Kosmos in jedem Menschen belebt wird und Gott zu einer Erfahrung wird.

Der „Tempel Gottes" ist jetzt gemauert. Das bedeutet, daß jetzt die geistige Erziehung der Menschheit abgeschlossen ist und der Geist des planetarischen Logos sucht jetzt jene aus, welche er jetzt in einen neuen Matrix-Plan erhebt.

Die Erweckung und Auferstehung hat also begonnen und die erwachten Menschen werden jetzt von innen her, durch den planetarischen Geist, über ihre Seele, aus ihrem Schlaf des Todes erweckt.

Der Körper war der Sarg, in dem die „Seele Christus" in einem scheintodesähnlichen Zustand von Leben zu Leben Erfahrungen gesammelt hat.

Jetzt aber ist die Wiederkunft des Christus, wo jeder auf der Stufe erweckt wird, auf der er steht. Und jeder wird in dem Himmel leben, den er sich erschaffen hat.

Viele werden sich am Tage der Offenbarung verstecken wollen, weil sie sich selbst nicht anschauen wollen. Bis zu dem Tag der „Scheidung der Geister" wird sich jeder entschieden haben, ob er zu den *materiellen* oder zu den *geistigen* Welten gehört.

Die Materiellen werden dann von der Erde genommen und die Geistigen werden ein neues Leben auf der Erde beginnen. Deshalb ist es nicht wichtig, irgend etwas im Äußeren verändern zu wollen, sei es die geheime Weltregierung zu bekämpfen oder irgend ein politisches System, oder irgend jemanden zu belehren. Nur die Arbeit an der Selbsterkenntnis und der Kontakt zu seinem *inneren Gott* ist wichtig.

Langsam erwacht der Phönix - *damit ist der schlafende Geist der Erde gemeint* - aus seinem Jahrtausende langen Traum.

Mit dem Auferstehen des planetarischen Geistes im Menschen wird die Illusion des Getrenntseins überwunden sein. Schon verändert sich die menschliche *DNS,* das Magnetgitternetz erhält eine neue Oktave auf der kosmischen Evolutionsleiter.

Der Planet beginnt sich an allen Orten zu regen und zu bewegen. Die Klimazonen bewegen sich schneller und das Herz der Erde paßt sich dem neuen Rhythmus an. Alles Negative und Positive wird sich ergänzen. Beide Kräfte werden den Aufstieg nur beschleunigen. Die Bruderschaften wissen bereits, daß ihre Zeit des Abtretens gekommen ist, sie wollen es nur noch nicht wahrhaben.

Der *Aufstieg* und die *Auferstehung,* die Rückkehr des *Christus,* kann niemand aufhalten - die geheime Weltregierung ist sprachlos. Ihre Maßnahmenkataloge, die Kontrolle über diesen Planeten zu halten, fangen bei dem primitiven Einzelmord an, bis hin zur Bestrahlung von Niederfrequenzwaffen vom Satelliten aus, in dem sie ganze Ballungszentren und Länder bestreichen, um die Höherentwicklung des menschlichen Geistes durch diesen Niederfrequenzbeschuß zu verhindern.
Mit Hilfe außerirdischer Technologie der niederen Bruderschaft vom „Orion", vom Riegelsystem und anderen Systemen, kontrollieren sie die Massenpsyche durch unterbewußte Botschaften, die sie in TV, Radio und Funkwellentechnik einsetzen.

Diese Wellen werden benutzt, um Trägerinformationen auf unser Unterbewußtsein auszusenden. Kurzum, eine Bewußtseinskontrolle auf den niederen Frequenzen wird angestrebt, damit die „Imperialistische Allianz" diesen Planeten weiter unter Kontrolle der Hochfinanz halten kann, auf dem es eine wissende Illuminatenherrscherebene gibt und ein arbeitendes Volk, das möglichst unwissend bleibt.

Nichts kann den Geist des Schöpfers aufhalten oder zerstören. Es ist wie das kleine „Ego", das tobt, die Kontrolle loszulassen.

Die negativen Aktionen dieser Machtelite kann den Aufstieg nicht verhindern, denn egal was sie tun, ob es Atombombentests sind mit dem das Gitternetz manipuliert werden soll, oder Plutonium, das sie in die Umlaufbahn schießen wollen, um die höhere kosmische Strahlung abzubremsen, das einzige, was sie damit erreichen ist, daß das Erdkarma und der Polsprung nur noch schneller kommen. So dienen auch die negativen Kräfte dem Gottesplan, den alten Zyklus schneller abzuschließen.

Natürlich halten sich all diese gesellschaftlichen Rangordnungen für die *hellen* Kräfte dieser Welt, da sie ja die Menschheit erziehen und an dem Programm der neuen Weltordnung arbeiten. Eine neue Weltordnung kann nur durch einen von innen transformierten neuen Menschen kommen.
Und von einer noch viel höheren Ebene, in der es kein Licht und Dunkelheit, kein Gut und Böse mehr gibt, haben diese Kräfte eine bewußte Rolle im kosmischen Evolutionsplan gespielt.

So haben wir zu verstehen, daß jeder nur seine Rolle nach bestem Gewissen seiner Entwicklungsstufe gespielt hat. Deshalb ist es wichtig zu verstehen, daß im höchsten Plan alles richtig war, wie es ist. Und was wir noch nicht verstehen, müssen wir verzeihen, denn die Gnade ist die große Kraft im Universum. Sie verwandelt alles zum Guten.
Das alte Programm der Schöpfer der Materie, die Lichtarbeiter der Materie der 33 Stufen der Freimaurerpyramide, wird abgelöst und zerfallen. Das neue Programm wird durch die Ankunft der neuen Menschen in Erscheinung treten. Die große Veränderung wird von Innen kommen.

Was können wir als einzelne im Innern verändern? Wie können wir aus einem negativen Kreislauf des Menschen ausbrechen?

Durch das Annehmen und Lieben des Negativen in uns und im Äußeren vollbringen wir das Erlösungswerk, denn jeder Mensch kann erst einen Schritt weiter gehen, wenn er sich selbst für seine Negativität geliebt hat, oder wenn er von

einem anderen für seine sogenannte Negativität geliebt wurde.
Wir können unsere sogenannten Leidenschaften, unsere sogenannte Negativität nicht unterdrücken, um besser zu werden. Nur wenn wir beginnen sie zu erkennen und sie zuzulassen, werden wir uns davon befreien.

Auf das Positive ausrichten und das Negative zulassen.

Niemand ist im Inneren wirklich negativ, denn Gott ist die Grundlage allen Seins - *er ist die Urliebe.*
Nur der Mensch durch seine Verdrängungen und Abspaltungen, um gewissen Erfahrungen aus dem Weg zu gehen oder zu konfrontieren, bewertet sich und andere und wiederholt dadurch endlos die selben Erfahrungen.

Wir alle wurden von Religion, Staat und Eltern erzogen, besser zu werden und den negativen Pol zu verdrängen und zu unterdrücken. Dadurch wurde die Welt der Scheinheiligen geboren. Jeglicher Staat ist das Spiegelbild seines einzelnen Bürgers und dessen Reifegrades seines Egos.
Jeder Mensch braucht seine eigenen Erfahrungen und durch die Bevormundung der Kinder, bis hin zur Politik der Supermächte über Entwicklungsländer, versucht das Ego, die Kontrolle über die Erfahrungen der Individuen zu steuern.

Wenn Menschen, Menschengruppen, ganze Völker negative Erfahrungen provozieren und unbewußt durch Krieg Streit anstreben, ist diese Erfahrung immer die unbewußte Suche nach dem Verständnis der Gegensätze oder das unbewußte, schlummernde Völkerkarma.
Das Rechthaben mit einem Standpunkt, einer Sichtweite und diese durch Gewalt zu schützen oder gar zu vertreten, ist die Unfähigkeit die Opposition zu integrieren. Jeder Standpunkt ist jedoch nur eine Teilfacette einer größeren, gemeinsamen Wahrheit.

Menschen, die nichts mehr mit Krieg und Macht zu tun haben, werden dann auch keinem Krieg mehr begegnen, ohne daß ihnen das bewußt ist, denn sie werden automatisch immer *am richtigen Platz zur richtigen Zeit* sein.

Menschen, die nichts mehr mit Leid, Krankheit, Tod, materieller Not, Weltuntergang usw. zu tun haben werden, können auch nichts mehr in der Außenwelt, sei es Personen oder Ereignisse, in ihr Leben ziehen.

Fehlt jedoch in der menschlichen Seele die eine oder andere Erfahrung oder ist Karma vorhanden, wird die Persönlichkeit des Menschen genau vor dem einen oder anderen Angst haben und es unbewußt bis zur Konfrontation noch in sein Leben ziehen, um Ganz zu werden oder den karmischen Ausgleich zu schaffen.

In keinen Dingen mehr Negatives sehen, hilft die Polarität aufzulösen und macht uns frei, das Urvertrauen und die Liebe - *die größte Kraft in uns* - freizulegen.

Einer der amerikanischen Präsidenten in Freimaurertracht.
Das Bild mit Zirkel und Kelle auf schwarz weißem Schachbrett bedeutet in der Geheimsprache: "Wir bauen hinter den zwei Säulen von Gut und Böse den Tempel Gottes.

Die Pyramide mit dem allsehenden Auge in der Dollar Note weist auf die Freimaurerbruderschaft hin, die die Weltbank fest im Griff hat.

Bild zeigt Sonne und Mond. Die Sonne deutet auf die Erde, was für Eingeweihte auf eine Sonnenherrschaft hindeutet.

Bild zeigt den *"Planetarischen Körper Erde als Christus"*.

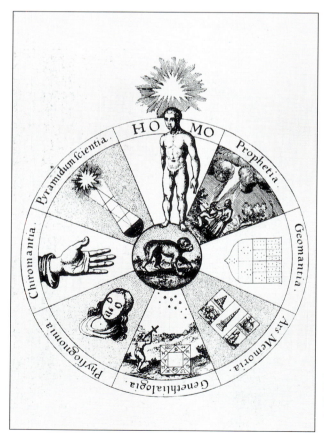

Bild zeigt, daß die Bruderschaften alles gesellschaftliche Leben aus dem Stillen geführt haben.
Der Tiermensch in der Evolutionsspirale.

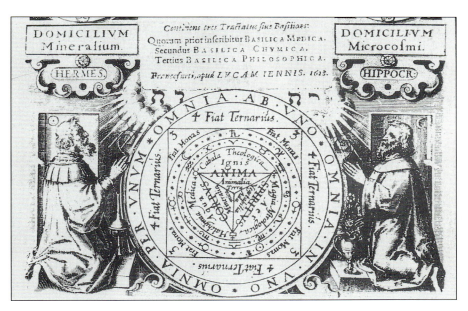

Bild zeigt die Habraischen Bruderschaften mit dem geheimen Wissen um die Schöpfung.

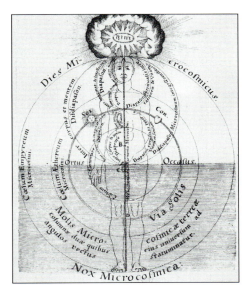

Bild zeigt den Mensch als Tempel Gottes, der von den Bruderschaften gemauert wird.

Bild zeigt den Aufbau des Tempels *"Mensch"*. Alchemistische Darstellung eines Eingeweihten der Bruderschaft.

Bild zeigt, daß die Herrscher jenseits der Polarität standen. Die Sphinxen stehen für positiv und negativ.

Bild zeigt die *"Alpha und Omega Pyramide"*, die Überwachung der Schöpfung durch den Adler und die geheimen Bruderschaften.

Bild zeigt den Zirkel des Freimaurertums der den Menschen formt.

Symbolsprache aus dem Mittelalter. Alle Könige waren von den Engeln und Botschaftern der Bruderschaften in den Schöpfungsplan eingeweiht.

Sonne - Illuminaten männlich
Mond - Luminaren weiblich
Das Bild zeigt in der Symbolsprache, daß alles nach der Trinität aufgebaut ist.

Dieses Bild zeigt den Menschen in der Evolution, überwacht von dem Adler und Engel der Raumbruderschaft.

Kapitel 6

DAS NEUE GOLDENE ZEITALTER UND DIE NEUE WELTORDNUNG

Jahrtausende wurde die Menschheit von den unsichtbaren geistigen Kräften der materiellen Baumeister geführt. Die alte Weltordnung wurde von den Bruderschaften von *Atlantis* bis in unsere Tage getragen, um den „Tempel Gottes" zu mauern, welches der Mensch ist, der seine höheren Qualitäten des Menschseins entwickelte.

Die materiellen Baumeister und Bruderschaften hatten einen genauen Plan, die Menschheit durch das „Dunkle Zeitalter" zu führen. Jetzt ist die Zeit gekommen, wo ein Teil der Menschheit vom planetarischen Geist der Erde ausgesucht wird, um der *vollendete* Mensch des „Tausendjährigen Aufstiegs" zu werden.
Die alten Baumeister und Lichtarbeiter der materiellen, äußeren Ordnung werden jetzt durch die neuen Lichtarbeiter der geistigen, inneren Ordnung abgelöst. Die neue Ordnung jedoch kommt aus dem *inneren Kosmos.*
Das bedeutet, daß die neue Weltordnung durch innere Erweckung und Auferstehung der Seele im Menschen kommt.

Der Geist erweckt die Menschen von *innen* her, welche den Samen der neuen Menschheit bilden. Das geschieht bei jedem Menschen individuell. Der eine hört eine *innere Stimme,* der andere empfängt *innere Botschaften,* wieder andere haben *Lichterlebnisse* und ein unbeschreibliches *Glücksgefühl.* Diese innere Erweckung und Auferstehung erlebt jeder Mensch anders. Das „höhere Selbst" - *die Seele* - beginnt dem Menschen Zeichen und Botschaften zu senden, und eine lange Reise des Hörens und inneren Lauschens beginnt. Das „höhere Selbst" bietet dem Menschen innere, geistige Führung an.
Das „Ego" und die Persönlichkeit des Menschen lassen sich jedoch nicht immer führen, die Eigenwilligkeit läßt dann den Menschen die Ursache und Rückkoppelung erleben.

DAS MAGISCHE ERBE AUS ATLANTIS

Im „Dunklen Zeitalter" hatten die *Eingeweihten* und *Bruderschaften* das geheime Wissen über die Kraft des Geistes. Sie wußten, daß der Allgeist und dessen Elemente durch rituelle Geistesübungen gezwungen werden konnten, die Zukunft zu beeinflussen.

Es gibt keine Zukunft, die absolut dogmatisch fest vorgeschrieben ist. Wir Menschen selbst erschaffen unsere Zukunft durch die Kraft unserer Gedanken und Geisteseinstellungen und die daraus folgenden Handlungen.
Das Gesetz von *Ursache und Wirkung* besagt, daß wir mit unseren Gedanken in der Zukunft Realitäten erschaffen - individuell wie' kollektiv.
Unsere inneren Haltungen und Glaubensüberzeugungen ziehen also die Dinge in unserem Leben an. Die indischen Philosophen und Eingeweihten nannten das das Gesetz des Karmas. *Es gibt also keinen Zufall.*
So erschaffen wir also einzeln unsere Zukunft, denn unsere Gedanken sind Teil des Schöpfungsgeistes, und wir erschaffen Gruppenkarma - eine gemeinsame Zukunft - als kollektiver Teil Gottes.
Der innere Kosmos eines Menschen ist der *schlafende Gott,* der die Bewußtheit darüber verloren hat, daß er mit jedem Gedanken ein Elementarwesen erschafft - ein Energiewesen mit intelligentem Auftrag. Das bedeutet, daß grundsätzlich das alles undefiniert in einem leeren Raum existiert und erst der Mensch, durch seine Gedanken, die Dinge in eine begriffliche Welt definiert und dann in ein Positiv oder Negativ einordnet.
So haben wir auch den Teufel selbst erfunden. Himmel und Hölle sind also in uns.

Wir gemeinsam haben durch unsere Interpretation, durch das Jahrtausende Beobachten der Außenwelt, die Dinge in einer Bewußtseinsspirale definiert und materialisiert, ohne uns darüber bewußt zu sein, daß wir ein Teil des Schöpfungsgeistes sind, der die freie Wahl hat, wie er seine Schöpfung belegt - *positiv* oder *negativ*.

Kein Element oder Elementar wirkt auf uns negativ. Erst als wir einzeln oder als Kollektiv in ihm etwas Negatives erforschten oder sahen, legten wir unsere gemeinsame Realität fest. Dann begannen wir die Welt gemeinsam aus einem Blickwinkel zu sehen und bauten unsere gemeinsam zur Wirklichkeit erstarrende Realitätswelt, in der wir leben, immer weiter aus.

Warum aber konnten einige große Eingeweihte, wie die „Yogis", Gift trinken, ohne daß die Elemente auf sie negativ wirkten oder sich Menschen in einen Ofen setzen, ohne zu verbrennen? Weil sie sich über ihren göttlichen Ursprung und die allmächtige Kraft des Geistes bewußt waren, eigene Realitätsebenen zu erschaffen.
Diese Menschen waren nicht mehr an die kollektive Realität der Menschheit gebunden, weil sie sich über ihr Inneres klargeworden waren.
Über Jahrtausende wurden diese geheimen Wissen benutzt, um die Zukunft und Wünsche zu manipulieren. Das Zeitalter der Magier entstand, und einzelne Menschen und geheime Bruderschaften benutzten es, um ihre Ziele zu erreichen.
Die Zukunft kontrollieren zu wollen, sei es mit einer Vorhersage eines Mediums, das vom „Ego" benutzt wird, um die Bestätigung der Wünsche zu erfahren oder durch eine magische, geistige Übung, ist immer die Angst vor der Zukunft. Der Mensch möchte der Herr seiner Zukunft sein und die Kontrolle über seine Wunscherfüllungen haben.

Wer aber bestimmt wirklich die Zukunft eines Menschen?

Der *unbewußte* Mensch lebt, ohne sich über seinen Geist bewußt zu sein, von Leben zu Leben und erschafft endlose

Rückkoppelungen karmischer Handlungen, die sein zukünftiges Leben positiv oder negativ beeinflussen.
Der *bewußte* Mensch beginnt die Verantwortung für seine Handlungen zu übernehmen, um keine weitere negative Rückkoppelung entstehen zu lassen.

Der *magische* Mensch beginnt die negative Zukunft, durch Imagination einer positiven Zukunft, zu verdrängen.
Dadurch jedoch bleibt der Mensch und dessen Seele auf der immer gleichen Entwicklungsstufe, weil er seine sogenannten positiven Imaginationen endlos wiederholt.

Der Magier ist also gefangen, in seiner eigenen Welt der Wünsche und Erfüllungen und das Leben wird langweilig.
Die göttliche Seele verliert an Licht und kann sich nicht fortentwickeln bis zu dem Tag, an dem der Magier den Sprung zum Hohenpriester macht und die Einweihung des *Christos* versteht.

...„HERR, DEIN WILLE GESCHEHE."

Von dem Tag an beginnt sich das Karma eines Menschen schneller abzuwickeln, und der positive Mensch ergibt sich erneut dem Schicksal des Lebens.
Das Loslassen und dem Fluß des Lebens zu vertrauen, ist das Geheimnis, von allem frei zu werden.
Alle negativen Ereignisse, an denen wir beteiligt sind, haben wir und unsere Seele uns erschaffen, um daran zu wachsen und Erfahrungen zu sammeln. Die Seele beginnt dann aus dem Inneren das Karma zu beschleunigen und den Menschen zum bewußten Lernen zu führen.

DIE ÜBERWINDUNG DES GETRENNTSEINS IM NEUEN ZEITALTER

Das bewußte Lernen beinhaltet alle Ereignisse, Positiv wie Negativ im vollen Bewußtsein als Erfahrung zu integrieren. Dieser Schritt führt zum Vertrauen, wieder an das „Göttliche" angeschlossen zu sein.

Bei einem noch *unbewußten* Menschen bestimmen das unterbewußte Karma und die Glaubenssysteme die eintreffenden Erlebnisse.
Bei einem *bewußten* Menschen, der weiß, daß es keinen Zufall gibt, beginnt das Erleben als Synchronisation der eigenen Gedanken hervorzutreten.
Einem erwachten Menschen begegnen bewußt, wie durch eine unsichtbare, innere Führung, genau die Menschen, Situationen und Dinge, mit welchen er sich im tiefsten Inneren beschäftigt.

Unsere inneren Glaubenssysteme und Muster bestimmen dabei die Welt, der wir im Außen begegnen. Wenn wir etwas ablehnen, ziehen wir es in unser Resonanzfeld, ebenso wenn wir etwas besonders anziehend finden. Darüberhinaus werden wir immer nur Menschen und Realitäten begegnen, die unserem Resonanzfeld entsprechen.

Die Glaubenssysteme *Negativ* und *Positiv, bewußt* oder *unbewußt,* lassen also unser Leben wie ein Filmprojektor auf die Leinwand des Lebens werfen und unser Erleben, unsere Dramen und Freuden immer wiederholen.

So ist also die Untersuchung aller unserer unbewußter Teilpersönlichkeiten, wer wir sind, wie wir sind und was wir verdrängen und nicht sehen wollen, der „Schlüssel zur Selbstüberwindung" und der einzige Weg der Bewußtwerdung.
Glaubenssysteme sind Konzepte, die aus dem transpersonalen

Zustand als Beobachtung in die feste Welt manifestiert worden sind.

Die Wiederholung von Erfahrungen, die aus diesen Beobachtungen heraus entstanden sind, spiegeln dann unsere Persönlichkeit.

Die Summe aller Erfahrungen ist dann wie eine Schallplatte mit einem exakten Muster, welches wir endlos wiederholen. Die westliche Kultur und ihr Verdrängungsmechanismus ging soweit, daß sie Krankheit als etwas Negatives sah. Der Mensch entwickelte unzählige Konzepte, um dem *IST*-Zustand der Krankheit, der in Wirklichkeit eine Heilung des karmischen Prozesses ist, aus dem Weg zu gehen. Diese Abspaltung geht in der Wissenschaft soweit, daß einer in eine bestimmte Richtung forscht und dann irgendwelche Ereignisse als Beweismittel registriert. Der Beobachter ist sich aber gar nicht bewußt, daß er das, was er beobachtet, mit seinem Glaubenssystem und seinem Forschen, bereits durch seinen göttlichen Geist *in sich* manipuliert hat.

Um so mehr Forscher dann in dieselbe Richtung schauen und ein Glaubenssystem erfüllen, wird sich daraus dann eine neue Wahrheit erstellen. Die Resonanzfelder einer Realität sind die schon alten Wege versunkener Kulturen. Letztendlich entsteht Realität jeden Augenblick neu, vorausgesetzt, wir zapfen keine alten Resonanzfelder, Blauphasen unserer Umwelt oder des Kosmos an.

Wenn die Menschheit begriffen hat, daß jedes Phänomen, sei es noch so negativ, anzunehmen ist und nur eine Abfolge schon in der Vergangenheit ausgeführte karmische Handlung wieder ausgleicht, dann wird sie damit aufhören, gegen die Natur des Ausgleichs vorzugehen.

Mit anderen Worten, die Menschen werden dann aufhören Pflanzen mit Chemie zu behandeln, Menschen mit Tabletten zu füttern, Flüsse zu begradigen und Gesetze zu erlassen. Die Menschen werden langsam verstehen, daß alles, was passiert, der eigenen Gerechtigkeit entspricht. *Es wird nur das geschehen, was geschehen soll.*

Unvorstellbare Summen gestauter Energie liegt im Bürokratismus, die Menschen gegenseitig zu bewachen. Der Gesetzesdschungel der äußeren Ordnung könnte auf ein Minimum reduziert werden und die Energie für andere Projekte verwendet werden.
Der Mensch verbraucht fast 90 % seiner täglichen Energie, seine Mitmenschen nach seinen Egokonzepten im Kontrolldrama festzuhalten. Die Menschheit als Ganzes verausgabt 90 % ihrer Energie, ebenfalls gegen die Natur und deren negativen Pol vorzugehen.

Wenn wir lernen mit dem Fluß des Lebens zu gehen, verpuffen wir diese 90 % Energie nicht damit, Dinge zu erreichen oder am Leben zu erhalten, welche der göttliche Plan gar nicht mehr fördert.
Die neuen Generationen werden lernen, daß Projekte, seien es menschliche Beziehungen oder geschäftliche oder private Vorhaben nur funktionieren, wenn sie in der kosmischen Absicht enthalten sind und wenn die richtige Zeit dafür ist. Das gilt auch für Industrieunternehmen. Anstatt Zweige am Leben zu halten, wo die Energie nur durch Vergewaltigung von Werbung am Leben gehalten wird, werden sie lernen, daß wirklich gewollte Produkte langsam und stetig im Absatz wachsen, ohne daß Unsummen von Energie und Kapital benötigt wird.

Die Menschen werden wieder lernen, was das Leben wirklich will und nicht, was unser abgespaltenes Ego imaginisiert.

Wenn wir anfangen, das Negative wirklich zuzulassen, als gleichberechtigte Erfahrung der menschlichen Seele, wird die Angst vor uns selbst und aller Kontrollkonzepte, langsam einer inneren Natürlichkeit weichen.
Wenn Wissenschaft und Spiritualität wieder eins werden, wird es eine ganzheitliche Technik auf Erden geben und für eine Harmonie der Umwelt sorgen.
Der Beobachter und das beobachtete Objekt wird wieder

eins, da verstanden wurde, daß alles nur aus dem einen Geist entsteht und wir unsere Welt immerfort mit unserer Sichtweise erschaffen. So ist also der nächste Schritt der Menschheit, vom Geschöpf zum Schöpfer zu werden.

Die Menschen werden dann aufhören nach neuen Verdrängungskonzepten zu suchen, die Natur beherrschen zu wollen, sei es mit Chemie oder Eingriffen in die Natur, weil sie verstehen, daß die Natur bereits perfekt ist.
Der Mensch kann dann die natürlichen Organisationsformen der Natur beobachten und daraus eine natürliche Form der Anwendungstechnik ablesen.

Wenn wir aufhören die Welt zu spalten, was *Gut* und *Böse* ist, was *Göttlich* und was *nicht Göttlich* ist, wird die Menschheit eines Tages Gott als eine Erfahrung erleben und wenn etwas erfahren wurde, ist die Suche vorbei.
Der Mensch wird verstanden haben, daß er selbst das Klavier ist, auf dem er spielt, vom höchsten bis zum tiefsten Ton, ohne daß er eine Erfahrung verurteilt.
Er wird dann auch aufhören in einer destruktiven Weise sich selbst zu suchen, indem er alles vergewaltigt, weil er begriffen hat, daß er selbst der Geist der Erde ist.

Jeder Baum, jede Pflanze, jeder Mensch, alle Elemente werden dann wieder geachtet werden, weil sie alle ein Teil unseres eigenen Bewußtseins sind, die auf der Reise zum Licht ihre Veredelungen durch die verschiedenen Entwicklungsphasen machen.
Der Mensch wird sich dann zum Hüter und Gärtner dieses Raumplanetariums entwickeln, und eines Tages im Gottesplan mithelfen, die Evolution der noch in Entwicklung befindlichen Individuen zu betreuen.
Wir werden aufhören Energie mechanisch aus Mangel zu erzeugen und verstehen lernen, daß jedes Teilchen unbegrenzte Energie enthält, weil es mit allem verbunden ist. Dann wird der Aufstieg durch neue Technologien stattfinden.

Das „*Tachyonen-Zeitalter*" hat bereits begonnen, doch noch sträuben sich die konservativen Kräfte des festgefahrenen alten Geistes sich für unbegrenzte Energie zu öffnen, weil ihre Machtposition und ihr hierarchisches System zerfallen wird.

Kein Mensch müßte aus einem Überlebenszwang arbeiten, um am Leben zu bleiben, wenn endlose Energie zur Verfügung steht. Alles könnte automatisch erschaffen werden was der Mensch wirklich zum Leben braucht, und so kann sich die künftige Rasse des Neuen Zeitalters mehr und mehr dem zuwenden, was die Seele wirklich experimentieren will. So werden die zukünftigen Generationen kein Vergewaltigungsschema der Eltern besitzen, die ihnen einbleuen wollen, sie müssen alle wie Roboter gewisse Ausbildungen durchlaufen, weil sie sonst nicht lebensfähig sind.

Der zukünftige Mensch, nach der großen Wende, wird sich mehr und mehr als Künstler und Meister seines eigenen superkreativen Lebens widmen - jeder in seiner Disziplin.
Die innere Führung erlaubt jedem angeschlossenen Menschen in einem superkreativen Kollektiv ein Beitrag zu sein, für eine neue *Hochzivilisation.*

In der Zukunft wird jeder Mensch, egal was er tut und was er macht und auch, wenn er gar nichts macht, als Wesen akzeptiert werden. So haben auch Menschen ohne Überlebenskonzepte, der in Angst eingebundenen Zivilisationsmenschen, eine Existenzberechtigung für ihr Leben.
Die neuen Eltern werden ihre Kinder so lassen wie sie sind, und nur Kraft in ihre Talente geben. Dadurch können die Kinder langsam durch die Akzeptanz ihrer Schwächen sich selbst heilen und eine Balance ihrer Negativseiten wiederfinden.
Geld wird es nicht mehr geben, da jeder einen sinnvollen Beitrag aus seiner inneren Lust am Leben zu einer Gemeinschaft beiträgt. Dieser freiwillige Beitrag als Verständnis ei-

ner Gemeinschaft, die auch alle Außenseiter und Schwachen trägt, wird der erste Baustein für eine neue Motivation, Kollektiv zu erschaffen, sein.

Wenn alle an einem gemeinsamen höheren Ziel arbeiten, eine globale Versorgung der Menschheit mit allen materiellen, seelischen und geistigen Gütern anzustreben, können sie lernen, ihre kleineren Egos in dem größeren „Ego" langsam aufgehen zu lassen.
Das funktioniert allerdings nur, wenn jeder die hundertprozentige Verantwortung für sich übernimmt und der inneren Führung vertraut, daß alles, was passiert, im Plan des Kollektivs enthalten ist.
Die neue, innere Weltordnung beginnt immer bei einem Menschen und weitet sich auf den nächsten aus. Wenn sich also eine Gruppe von Menschen zusammenfindet, weil sie alle einen inneren Drang oder Ruf verspürt haben, eine gemeinsame Arbeit zu tun, wird etwas entstehen.
In der Zukunft wird alles durch die innere Führung in eine Harmonie gleiten. Die Organisationsformen werden mehr dezentral sein, so daß es unzählige selbständige und unabhängige, kleine Lebenszellen gibt, die alle ihre Bedürfnisse selbst befriedigen können.

Wie in einem Zellverbund spiegelt jede Zelle die Eigenverantwortung durch eigene Energieversorgung und eigene Lebensmittelversorgung bis hin zur eigenen Infrastruktur, ein absolut eigenes System zu sein. So entstehen keine Macht- und Problemzonen mehr.
Der Verbund der autarken Lebensgemeinschaften wird dann mehr eine Föderation sein, als eine auf „Vampirismus" aufgeblähte Mangelgesellschaft. Mangelkonzentrationen, wie Städte, werden nicht mehr entstehen, da alles im kleinen vorhanden ist. Im Verbund wird dann nur ein Rat der Föderation gewählt sein. Die Menschen, die etwas zu sagen haben, werden mehr nach ihrer *Demut, Liebesfähigkeit* und *Weisheit* erwählt und geben nur einen Rat für gemeinsame Pro-

jekte, die dann die einzelnen autarken Lebenszellen unterstützen.
Die Raumbrüder werden nach der Reinigung helfen, das Verständnis über die neue, natürliche Technik zu entwickeln. Die neue Technik wird belebt sein, der Geist wird die Grundlage einer höheren Licht-, Raum- und Zeit-Erkenntnis aus dem Inneren zum Verständnis geben.

Die Menschen werden wieder lernen, sich selbst in die Natur zu integrieren. Die Organisationsformen werden eine Balance zwischen der *männlichen* und der *weiblichen* Energie sein. Die neue Menschheit wird keine Konzepte mehr über Beziehungen, Liebe und Sexualität haben, da sich alles natürlich ergibt. Die polaren Beziehungen zwischen Menschen, die ihre Sexualität und Liebesenergie von ihren Egomustern abhängig machen, wird es nicht mehr geben, da der zukünftige Mensch lernt, seine ganze Energie mit allen zu teilen, ohne Konzepte einer bestimmten Vorliebe.
Der zukünftige Mensch spürt sich im anderen und kennt keine Begrenzungen mehr. Dadurch wird der große Mangel an Liebe geheilt. Alles wird sich natürlich ergeben und Menschen werden in größeren Gruppen miteinander leben und sich auf allen Ebenen austauschen, von Kommunikation bis zur gemeinsamen Aufgabenteilung.
Da nur die transformierten Menschen das neue Zeitalter erreichen, wird das „Ego" kein Problem mehr für diese autarken Lebenszellen sein. Jeder wird sich wieder jedem schenken und Gott im Anderen spüren und erkennen.

In den kommenden *1000 Jahren des Friedens* werden die Menschen durch die Überwindung der Polarität durch Kommunikation alle Probleme auf einer geistigen Basis lösen.
Mehr und mehr werden die Menschen durch die Integration des negativen Pols die Polarität zwischen den Rassen, zwischen *Armut* und *Reichtum*, zwischen allen Gegensätzen ausgleichen. Die Menschheit wird eine noch nie dagewesene Hochblüte erleben.

Das Verständnis über die geistigen, höheren Welten wird den Schleier und die Trennwände zwischen den höheren Dimensionen immer dünner werden lassen.
Die neue Generation wird ihre Erlebnisse und Kommunikation mit den höheren Welten stetig ausdehnen. Dadurch wird sich die Frequenz des Gitternetzes der Materie ständig erhöhen.
Aus den *dreidimensionalen* Strukturen werden *vier- und fünfdimensionale* Strukturen.

Wenn das kollektive Bewußtsein der Menschen dann bereit ist und alle den Höhepunkt ihrer Entwicklung erreicht haben, dann werden sie auf einer höheren Ebene die Entscheidungen treffen, daß sie die materielle Ebene und ihre Erfahrungen, durch die Transmutation von Materie zu Licht, mit einem globalen Aufstieg verlassen können.
Von einem Moment zum anderen wird sich alles in Licht auflösen und auf einer Lichtebene weiter existieren.
Ein Beobachter, der die Erde dann mit einem dreidimensionalen Auge betrachtet, wird nichts als eine Wüste sehen.
Jedoch bedenke:

...*„Ich kam einst von der Venus vor 18.000 Millionen Jahren. Das war zu der Zeit, als das Kollektiv der Venus denselben Aufstiegsprozeß durchmachte. Und wenn Ihr heute die Venus betrachtet, seht Ihr nichts als eine Wüste. Die gesamte Zivilisation existiert auf einer höher schwingenden Ebene, der subatomaren Ebene"*...
Und genau wie damals auf der Venus, wird die Menschheit die künftigen Ereignisse aus verschiedenen Blickwinkeln betrachten.
Für die einen wird das Abfackeln der Erdatmosphäre eine Katastrophe sein, da sie nur dreidimensional existieren.
Für die anderen wird dieses Ereignis der Aufstieg in die höhere Dimension sein, weil sie ihre Lichtkörper bereits integriert haben, und auf einer anderen Ebene von dem großen Mysterium in einen höheren Plan übernommen worden sind.

Die *planetarische Schwangerschaft* wird mit dem Aufstieg in die 7. Dimension, die jenseits von Zeit und Raum existiert, abgeschlossen sein.
Die Aufgestiegenen werden dann für immer mit dem *planetarischen Christus* sein.
Danach erhält die „Mutter Erde" eine lange Schwangerschaftspause, bis eines Tages der Aufruf durch die Hallen der Seelen ergeht und die „Wächter" neues Leben zurückbringen.

Die kosmische Heirarchie der weißen Bruderschaft, die immer wieder spirituelle Lehrer auf der Erde inkarniert hat.

Auf der höheren Ebene arbeiten die dunklen und weißen Meister zusammen, um den Schöpfungsplan der Erde zu erfüllen.

Die zwei Gesichter Gottes und dessen Helfer.

Kapitel 7

MEINE AUFERSTEHUNG

Ich bin - ILU NOS PHERATOS - der letzte Illuminatos.

Einst kam ich als ein Gott auf die Erde und mischte mich in die Angelegenheiten dieses Planeten ein. Die galaktische Konföderation bannte mich in die erneute Menschwerdung. Ich gehörte zu den „gefallenen Engeln". Zivilisationen kamen und vergingen, und meine Seele fiel in einen tiefen Schlaf der Unbewußtheit.

Unzählige Inkarnationen, als Mann und Frau aller Hautfarben und Rassen, durchlebte der schlafende Geist in meinem Inneren der Seele. Ich hatte viele Namen, unbedeutender und bedeutender Persönlichkeiten aller Zeitepochen.

Als *Lemurien* unterging, war ich eine Frau, eine Hohepriesterin, und der „Rat der Weisen" sandte mich nach *Atlantis.* Dort sollte ein neuer Inkarnationsschlüssel vielen Seelen die Möglichkeit geben, ein „Dunkles Zeitalter" zu experimentieren, um die männliche Seite, den Willen und das Ego zu entwickeln.

In Atlantis wurde ich häufiger als Mann geboren und gehörte zu jenen Priestern, die die Welt vor dem Untergang retten wollten. Was dadurch passierte war, daß ich mitverantwortlich war, daß die Zivilisation noch schneller unterging.
Die Eingeweihten nannten mich *„Eli"* oder *„Eliah",* den Hohenpriester und Propheten. In Lemurien hatte ich den Namen *„Antara"(is)Manu".*

Atlantis ging in mehreren Zyklen unter und aus den Überlebenden formte sich die heutige Menschheit, mit allen ihren Verzweigungen.
In *Ägypten* wurde ich mehrmals als letzter Sonnengott (Illuminatos) und Pharao angepriesen und auch gewaltsam beseitigt.

In den *Hebräischen Kasten* hatte ich dann wieder die Inkarnationsaufgabe einiger Propheten, die die Menschheit ein Stück weiter führen sollten.

Zu Christus Geburt war ich „*Johannes der Täufer*" und meine Seele war schon einen langen Reinigungsweg gegangen. Aber immer noch hatte ich die alte Energie der Ablehnung und Verurteilung in mir. Ich taufte Euch mit Wasser, was bedeutete, daß ich die Energie der Willensentwicklung verkörperte.

Im Mittelalter war ich „*Sir John*" sowie ein *Templer* und *Kreuzritter*.
Ich hatte viele Erholungsinkarnationen als normaler Schafhirte, Seemann, Bäcker und als Hausfrau. Aber im großen und ganzen hatte ich immer, durch alle Inkarnationen hindurch, die gleiche Aufgabe.

Immer, wenn es an der Zeit war eine neue Geschichtsepoche einzuleiten und die Menschheit den nächsten Schritt brauchte, sandte mich Gott wieder auf Erden, um als *Eingeweihter*, *Hohepriester* und *Magier* unbewußt die nächste Einweihung auszulösen.

Natürlich war ich mir während dieses Abstiegs und Inkarnationszyklusses nicht über meine verschiedenen positiven und negativen Führungspersönlichkeiten bewußt. Und so kann ich nur ahnen, wie oft ich selbst, verstrickt in der Illusion von Täter und Opfer, das menschliche Karma ganzer Völker beeinflußt habe. Oft war ich Mitglied in den geheimen Bruderschaften.

Und so bin ich, wie es Christus prophezeit hat, das letztemal bei Euch, um ein neues Zeitalter einzuleiten und Euch eine letzte Botschaft zu überbringen.

Kein Mensch kann sich vorstellen, durch was ich gegangen bin, um Euch diese Botschaft zu bringen.

Ihr hattet Tausende von Leben, um Mensch zu werden, ich hatte nur eines, in dem ich all das Negative durchlebte, um das Menschsein zu erfahren und zuzulassen, denn bis jetzt waren meine menschlichen Chakras versiegelt.
Zwischen mir und Christus seid Ihr alle durch das Tor der Polarität und Menschwerdung gegangen. Doch jetzt ist die Zeit meiner Erlösung gekommen und auch ich kann Mensch werden und schließe das Tor hinter mir. Damit beginnt ein neuer Zyklus.
Mit meinem Abstieg in die unteren Chakras bringe ich Euch eine Botschaft des planetarischen Logos (Christus), der Euch mit Feuer taufen wird.
Ich möchte Euch bitten zu verstehen, daß ich, solange ich auf Erden bin, anonym bleiben möchte, denn die einen würden mich als neuen „Messias" oder „Guru" ausrufen, und die anderen würden all ihr Unverständnis an mir auslassen und eine moderne Form von Kreuzigung durchführen.

Es gibt keinen Beweis für die Wahrheit meiner Worte, jedoch soll auch nur diejenigen die Botschaft erreichen, die dazu geführt worden sind.

MEINE SUCHE

Bis zu meinem 28. Geburtstag war alles ganz normal. Ich lebte in München, im Stadtteil Schwabing. Schon mit 16 Jahren war ich hierher gekommen, weil mich das Leben der „schönen Menschen" faszinierte.

Mein Leben drehte sich nur um den „Jet-Set", Sportautos, Karriere, Fotomodelle und möglichst viele Mädchenherzen zu erobern. Viele kannten mich als den „Playboy" aus Schwabing. Einige beschimpften mich als einen Angeber. Ich hatte einen großen Freundeskreis, eine traumhafte Wohnung, einen Sportwagen, eine hübsche Freundin und einen guten Job in der Filmindustrie. Aber all das konnte mich nicht befriedigen. Ich hatte ein tiefes Gefühl von Leere in mir.

Ich war unbewußt auf der Suche nach etwas und wußte nicht nach was. Meine Süchte/Suche im Äußeren erreichte mehr und mehr einen Höhepunkt. Ich suchte nach einer perfekten Welt, nach Schönheit und Unschuld, denn was ich auch machte, ich konnte keine Befriedigung finden.
Allmählich begannen mich all die vielen Affären, die ich noch zusätzlich zu meiner Beziehung hatte, zu frustrieren. Meine Aufenthalte in der „Münchner Nobelszene" und meine Geschichten von dem erfolgreichen Kaufmann nervten mich schon selbst.

Ich besuchte einen Kurs für „Selbsterkenntnis". Danach versuchte ich alle davon zu überzeugen, sie müßten dringend in diesen Kurs gehen, bis ich nach einiger Zeit herausfand, daß ich einer *Mentalentprogrammierung* aufgesessen war.
Danach fiel ich in ein noch tieferes Loch, denn ich fand heraus, daß das was ich glaubte zu sein, nur meine Verhaltensmuster waren.
Kurzum, ich wurde von einer dieser „Manager-Organisationen" einer *Gehirnwäsche* unterzogen, aber aus irgend ei-

nem Grund funktionierte das System bei mir nicht und ich befreite mich von dieser Manipulation.

Zwei Jahre Selbstanalyse waren vergangen. Was übrig blieb war ein Häufchen Elend, das erst recht nicht mehr wußte, wo es lang ging. Noch einmal flüchtete ich mich in meine Beziehung, aber auch dort fand ich keinen Trost mehr.

Zwischen 1987 und 1989 machte ich mehrere Asienreisen nach Thailand, Malaysia, Singapur und Bali und war tief beeindruckt vom *„Buddhismus"* und dessen Kultstätten.
Auf „Bali" hatte ich dann ein *UFO-Erlebnis*, was meine Suche noch verstärkte.

Als ich dann, im Frühjahr 1989, nach einer meiner Reisen zurückkehrte, veränderte sich mein Leben schlagartig. Plötzlich kam ich mit Menschen zusammen, die sich mit mir bis dahin völlig unbekannten Dingen befaßten, wie „Tarotkarten" legen, „Astrologie" usw. Ich fragte diese Menschen nach meiner Zukunft und alle erzählten mir etwas anderes. Wenn ich sie konkret auf etwas festlegen wollte, wurden sie noch unkonkreter mit ihren Aussagen. Einige Aussagen jedoch überraschten mich und waren brillant.

MEIN SPIRITUELLES ERWACHEN

Eines Morgens wachte ich auf und wußte, daß ich auf meiner letzten Reise ein Zeitloch hatte. Ich konnte mich einfach nicht mehr daran erinnern, wo ich mehrere Tage, Wochen war. Alles Grübeln darüber endete immer mit meinem *UFO-Erlebnis* oder mit der Antwort, daß ich vielleicht von der Managerschule so manipuliert wurde, daß sich jetzt meine Erinnerungen anfingen aufzulösen.
Viel später erst sollte ich herausfinden, daß beides eine Vorbereitung auf ein geistiges Erlebnis und meine Auferstehung waren.

Die Selbstanalyse half mir, mich von meinen Glaubenssystemen und meinem *Ego* zu lösen, und war ein mächtiges Instrument, durch die Spaltung der Selbstbeobachtung, meine negativen Verhaltensmuster und Ängste im Mentalbereich zu transzendieren.
Als dann die Persönlichkeit zerlegt war, ging diese Selbstanalyse automatisch zurück und ich glaubte, ich war jahrelang auf einem „Selbstcouchtrip", um besser werden zu wollen.
Das *UFO-Erlebnis* war die erste Begegnung mit meinen unterbewußten Kräften, jedoch fehlte mir die Erinnerung.
Bis dahin war alles noch mit dem Ratio (Verstand) zu erklären und logisch noch nachvollziehbar, doch dann passierte etwas, was mein Leben für immer veränderte.

Eines Morgens wurde ich erweckt. Erst hörte ich nur eine schöne Stimme die zu mir sagte:

„Wenn ich ALL DU BIN, dann bin ich DUAL - DU und ALL"

Diese Stimme sprach durch meine Gedanken und dabei durchdrang mich ein wohliges Kribbeln und Wärme im ganzen Körper.

Die ganzen nächsten Tage dachte ich über diese Worte in Selbstgesprächen nach. Eines Abends hatte ich die Intuition aufs Land zu fahren, um alte Freunde zu besuchen.

Dort war schon ein anderer Besuch angekommen. Ich setzte mich in die Gartenlaube zu meinen Freunden und ein Mann - Mitte 30 - hielt eine intensive Rede über Gott, ich hörte nur halb zu. Als er die Worte sagte:

...„*die meisten Menschen denken, Gott ist etwas außerhalb von ihnen, dabei ist er doch in ihnen. Selbst die Gedanken und Gefühle eines jeden Menschen ist Gott selbst*"...,

wurde ich hellwach.
Eine Hitze durchschoß meinen Körper, irgend etwas war passiert. Ich hatte die Botschaft der „Dualität" verstanden und ein inneres Feuer entzündete sich.
Die Stimme war also ein Teil von mir - *mein höheres Selbst*. Ein angenehmes Gefühl durchlief mich, ich dachte, jetzt bin ich am Ziel meiner Suche. Ich war erweckt und hatte das neue „*Gott in mir*" gefunden.

MEINE MEDIALITÄT

Regelmäßig hörte ich jetzt eine *„innere Stimme"*, die anfangs nur sehr unverständliche Dinge aus mir hervorbrachte.
Ich begann diese Dinge aufzuschreiben und ein innerer Drang, ich hätte die Welt davon zu überzeugen, daß Gott existiert, ließ mich in Schwabing überall anecken.

Ich predigte Tag und Nacht, daß Gott existiert und im Menschen wohnt und nur erweckt werden muß.

Bei den Leuten, die nicht glauben konnten, habe ich dann eine Demonstration göttlicher Kräfte gemacht. Ich habe sie, die aus meinen Händen ausströmende elektrische Kraft, spüren lassen. Nur wenige verstanden mich. Mein Freundeskreis registrierte die Veränderung und sie flüsterten: *„Bei dem ist eine Sicherung durchgeknallt."*

MEINE INNERE FÜHRUNG

Nach meinen Stimmenerlebnissen begann kurz danach noch eine Realität, die ich *„Innere Führung"* nennen möchte.

Die innere Stimme begann meine Aufmerksamkeit auf Zeitungsartikel, Verkehrsschilder, Personen und Situationen zu lenken und mir Dinge zu zeigen, die ich sonst nicht wahrnehmen würde, weil ich zu sehr wußte, was ich wollte.
So las ich statt „Geheimnis" -*„Geh heim ins Ist"* -. Oft verstand ich die Botschaften nicht, ging aber dieser Intuition nach und erlebte dann die seltsamsten Zufälle. Zum Beispiel dachte ich an ein Mädchen, vergaß sie aber wieder. Ich las dann die Zeitung und es fiel mir eine Werbung von einem neuen Café auf, das an diesem Tag eröffnete. Ich beschloß hinzugehen und siehe da, das Mädchen war da und freute sich, mich zu sehen. Irgend etwas aus meinem Inneren hatte meine Aufmerksamkeit gerade auf diese Werbung gelenkt.

Am Anfang, sagen wir die ersten Monate, glaubte ich an „Zufälle". Die häuften sich jedoch so oft, daß mir klar wurde, *es gibt gar keine Zufälle.* Alles wird bewußt oder unbewußt geführt oder gedeutet. Ich erlebte so viele kleine Wunder um mich herum, daß sich eine ganz neue Welt für mich auftat.
Statt krampfhaft meine Wünsche selbst zu erfüllen beschloß ich, meinen Willen an Gott zurückzugeben und die Welt aus dem Blickwinkel - *Dein Wille geschehe* - zu experimentieren. Das Ergebnis war verblüffend. Alle Dinge, die ich aussprach und dachte und deren Erfüllung ich wirklich gleichgültig gegenüberstand, kamen in kürzester Zeit auf mich zurück.
Dinge und Wünsche, die mir sehr wichtig waren, erfüllten sich nicht. Es dauerte eine Weile bis ich begriff, daß hinter der Wichtigkeit der Erfüllung die Angst der Nichterfüllung stand. Also, alle Wünsche, die aus der Illusion von Mangel entstanden, gingen nicht in Erfüllung. Natürlich begann mein

Ego dann auszurasten und ich saß tagelang da und sprach: *„Kraft meines Willens wünsche ich mir...."*

Das einzigste was passierte war, daß ich mir den Kopf mehrmals anhaute. Langsam begriff ich, daß die Seele oder der *innere Geist*, der mich aus dem Inneren führte, einen Plan hatte und um so mehr ich mich diesem Plan ergab, um so widerstandsloser verlief mein Leben.
So begann ich von all meinen Vorstellungen, wer ich bin, was ich zu tun hatte und wer man sein sollte, langsam loszulassen.

Ich betete jeden Morgen zu meinem *inneren Gott,* er möge mir jeden Tag neue Zeichen geben, daß er noch mit mir verbunden ist.
Der Geist meiner Seele begann mich von innen her langsam zu schulen, auf Zeichen im Äußeren zu achten. Und wenn ich etwas nicht verstand, wiederholten sich „Zufälle" so oft, bis ich begriff, was er mir sagen wollte.
Ein Niesen war eine *Bestätigung,* eine Gänsehaut bedeutete *Wahrheit,* ein Husten, *du redest Unsinn,* Kopf anhauen bedeutet, *du bist im Kopf.*

Eines Nachts, ich war schon früh zu Bett gegangen und immer, wenn ich jetzt mit meinem inneren Geistführer sprach, überkam mich dieses Kribbeln, was in der Fachsprache *„Samadi"* genannt wird, bekam ich erstmals eine Botschaft, die von einem anderen Wesen war.
Ich nenne ihn den „Heiligen Geist", da immer, wenn er in meiner Nähe war, der Duft eines Rosenbeetes durch meine Handflächen strömte. Dieser Geist zeigte mir im Schlaf eine Versammlung von Leuten in einem Filmstudio und sagte zu mir:

„Wenn Dein Boß Dich anruft, dann sage, daß Du zu ihm kommst."

Ich wachte ganz verwirrt aus diesem scheinbaren Traum auf, und es dauerte keine 5 Minuten, da klingelte das Telefon und mein Chef von der Videogesellschaft war am Apparat und sagte, er hätte noch eine Karte für ein Live-Konzert in einem Filmstudio. Mir wurde es heiß und ich sagte zu ihm: *„Ja, ich komme!"* Irgend etwas sollte an diesem Abend noch geschehen.

Im ehemaligen „Tele 5-Studio" war erstmals eine Liveübertragung von Musikern in 40 Länder. Alles war ganz normal, bis ich das Bühnenbild sah. Es zeigte eine Landschaft des Voralpengebietes mit München und zwei Pyramiden und einem Schlüssel. Ich bekam eine Gänsehaut als ich dieses Bild sah, und eine innere Stimme sagte:

„Du mein Kind trägst einen Schlüssel, um dieses Bild zu verstehen. Setz Dich ins Auto und fahre auf der Autobahn Richtung Garmisch."

Ich folgte dieser Stimme und fuhr stundenlang, nach Anweisung, links, rechts, links, rechts, bis ich nicht mehr konnte. Ich schlief im Auto und morgens klopfte jemand an die Scheibe und fragte, was ich hier mache. *„Ich habe mich verfahren"*, antwortete ich. Als ich rausschaute, glaubte ich meinen Augen nicht zu trauen. Ich stand in der Nähe einer riesengroßen Satellitenschüssel, Nähe Weilheim.
Eine weitere Gänsehaut überkam mich und die innere Stimme sagte:

„Von hier aus wird eines Tages Deine Botschaft um die ganze Welt gehen!"

Viele erlebten mich in jener Zeit als total abgehoben, denn mein „Ego" begann wirklich hinter jedem Strauch ein Zeichen zu sehen. Aber die wirklichen Kontakte konnte ich nicht herstellen, sie kamen unvorbereitet. Und um so mehr ich Zeichen und Botschaften wollte, um so weniger wurden sie.

Einige Zeit verging, und außer der inneren Hitze, die von meiner „Thymusdrüse" ausstrahlte, bekam ich keine Ansprache mehr.
Die Zufälle und Führungen gingen weiter, nur die Stimme blieb aus. Es wurden mir Personen und Bücher zugeführt, und meine äußere Belehrung begann.

DIE ZUSAMMENKÜNFTE

Einer meiner ersten spirituellen Lehrer war *"Janette Mac Clure"* von der „Tibeten-Foundation Arizona".
Ich glaubte meinen Ohren nicht zu trauen, als diese Frau über Themen, wie den *Aufstieg* und die *Endzeit* sprach. Sie sprach von *inkarnierten Lichtkindern*, die der Erde helfen sollten in ihrem Prozeß der Wandlung usw.
Ich glaubte auf einmal, irgend etwas stimmte nicht mit mir und fühlte mich mit meinen Erlebnissen noch ganz am Anfang, denn diese Leute sprachen über Kontakte mit „außerirdischen Meistern", wie andere über das schöne Wetter. Ich aber hatte nur eine *innere Stimme* ohne einen Namen.

Mit der Zeit normalisierte sich meine Beziehung zu meinen stetigen „Zufällen" von Informationen und Personen, die mich alle ein Stückchen weiter auf den Weg des Erwachens führten.
Ich vermißte die Ansprache des Lichts so sehr, daß ich begann, täglich 2-3 Stunden zu meditieren - jedoch vergebens. Die Erlebnisse mit höheren Wesenheiten konnte ich nicht herbeiwünschen.

Eines Tages jedoch wurde ich intuitiv zu einer Werbefilm-Gesellschaft geführt und als ich dort ankam, war es wie nach Hause kommen. Die Leute dort waren genauso wie ich und sprachen von einer neuen Welt, zusammen zu leben und diese spirituellen Erlebnisse zu teilen.
Der Chef dieser Firma hatte die selben Erlebnisse wie ich gehabt, und um ihn herum scharten sich 20 bis 50 Esoteriker. Wir alle gingen aus München raus und zogen uns in ein Berghotel am Schliersee zurück.
Dort verbrachten wir zusammen mehrere Wochen. Es war eine wunderbare Zeit zusammen zu meditieren und Ausflüge zu machen.

Wie von unsichtbarer Hand wurden wir alle aus der geistigen Welt zusammengeführt. Es kristallisierte sich heraus, daß auch die anderen, insbesondere *„Karl"*, die geistige Information erhalten hatten, der Welt eine Botschaft zu überbringen.
Es entstand eine Gruppenenergie, die uns zusammen an die ersten urchristlichen Gemeinden erinnerten. Wir teilten alles miteinander und suchten nach einem Platz, wo wir zusammen leben konnten.
Mit dem Auftauchen einer Heilerin und Mediums namens *„Maria"*, die auch aus der geistigen Welt die Botschaft erhalten hatte, daß sie zu uns stoßen sollte, um eine Botschaft von der geistigen Welt vorzubereiten, veränderte sich alles.

Diese tiefen mystischen Erlebnisse sind gar nicht zu beschreiben, ich möchte nur zwei hervorheben. Das erste war, daß ich in einen Zustand kam, wo ich mich ganz *Gott in mir* ergab und ihm mein Leben weihte. Die Heilerin *„Maria"* half mir dabei. Ich bekam plötzlich „hyperventile" Atmung und einen Weinkrampf, der damit endete, daß ich so tief Luft holen mußte, daß ich plötzlich einen Schmerz an der Schädeldecke verspürte.
Es war, als wäre mein „Schrei nach Gott" erhört worden und ich spürte, wie meine Schädeldecke feinstofflich geöffnet wurde und ein unbeschreibliches Licht in mich eindrang.
Von einer Sekunde zur anderen wurde meine Wirbelsäule, wie von Geisterhand, neu aufgehängt und mein altes Rückenleiden ein „Scheuermann" war augenblicklich geheilt.
Es war, als wäre etwas in mich eingedrungen, denn ich verspürte von da an immer eine übernatürliche Wärme und Kribbeln in mir.

Das war das erstemal, daß ich Gott spürte und nur ahnte, daß mein Körper vorher zwar lebte, aber ohne diese tiefe innere Wärme wie unbelebt war.

MEIN GELÜBDE

Nach dem Eintreffen dieser höheren Energien, die ich die *wahre Taufe Christus* nennen möchte, führte mich der „Geist" zu verschiedenen Plätzen und Personen, wie eine Vorausschau in die Zukunft. All diese Personen sollten dann Jahre später wieder auftauchen und eine Rolle in meiner Aufgabe, Euch diese Botschaft zu bringen, spielen.

Unser Zusammentreffen in München und am Schliersee kam zu einem Höhepunkt, als die Heilerin *„Maria"* eines Nachts in unsere Zimmer kam und sagte, sie möchte uns mit einem „Ritual" die Füße waschen.
Wir beteten die ganze Nacht, der Geist möchte uns doch bitte ein Zeichen geben, wer diese Botschaft in die Welt bringe und wie diese Botschaft in die Welt komme.

Am nächsten Tag kam die Heilerin ins Zimmer und sagte zu mir, sie möchte mit mir an einen speziellen Platz fahren zu der *Maria Gnaden-Kapelle* „Birkenstein". Als wir dort ankamen, überkam mich ein eigenartiges Gefühl. Drei Kreuze standen auf einem Hügel, die Sonne ging unter und die Heilerin sprach zu mir, Gott hätte zu ihr gesprochen, ich wäre der reine Kanal, der die Botschaft Christus verfassen würde, und anhand von einem Film oder Buch der Welt offenbaren. *„Karl"* dagegen würde einen anderen Weg gehen.
Ich wollte noch sagen ...*„aber der Karl hat doch das Filmstudio und ich habe noch nie einen Film gemacht und auch weiß ich doch gar keine Botschaft - warum ich? Ich bin doch nur ein gewöhnlicher Mensch."* Sie sagte: *„Du wirst es alles später verstehen."*

Nach diesem tiefen, geistigen Zusammentreffen brach die Gruppe auseinander und wir sahen uns kaum noch.

Ich war wieder allein mit einem komischen, inneren Gefühl, daß irgend etwas jetzt in meinem Körper anders war, was ich nicht beschreiben konnte.

Eines Morgens, bei strahlendem Sonnenschein, setzte ich mich in mein BMW-Cabrio und fuhr aus München raus ins „Chiemgau", ins Voralpenland, und ließ mich einfach gleiten, wohin es mich trieb.
Ich bekam ein „Zeichen" von der Autobahn abzufahren und landete in einem Ort der „Bergen" hieß.
Ich fuhr auf einen Berg hoch, vorbei an den Wasserfällen. Ich hielt an und nahm dort, wegen der Hitze, ein Bad. Es war, als würde ich mein Leben neu entdecken, wenn ich einfach meinen Gefühlen folgte, ohne in den Rollen von *Manager, Playboy* und *„Mister Wichtig"* zu sein. Es erinnerte mich an meine Kindheit, unbeschwert und ohne Vorhaben und Ziel zu sein.
Ich streifte durch die Wälder mit den glitzernden Sonnenstrahlen, dann ging ich an das Flußbett und bemalte meinen Körper mit Lehm. Es war, als wenn ich meine alte Haut abwerfen würde.
Ich lief auf einen Berg an einem Schild vorbei auf dem der Name „ENGELSTEIN" stand.
Auf dem Berg angekommen stand ich vor einem Felsendom mit einer Höhle. Ich betrat sie, zündete eine Kerze an, nahm einen kleinen Bergkristall und gab ihn in die dunkelste Nische dieser Höhle. Dann sprach ich ein tiefes Gebet:

„Ich werde das Licht in jede dunkle Höhle des menschlichen Bewußtseins bringen und weihe mein Leben Dir, oh Christus in mir."

Beim Abstieg hatte ich das Gefühl, daß mein Gelübde erhört worden war.

Ich kam wieder zu dem Schild auf dem „ENGELSTEIN" geschrieben stand. Ich ging zwei Schritte daran vorbei, auf einmal drehte ich mich um, hob einen Stein auf, ging zurück und durchkreuzte den Schriftzug.
Ich wußte gar nicht, was ich da machte. Plötzlich las ich statt „ENGELSTEIN" - „ E N G E L E I N ". Es durchfuhr mich wieder diese Wärme und ich wußte mehr und mehr, daß ich für etwas ausgesucht war. Dazu brauchte es jedoch mein kindliches Vertrauen.

Es folgte ein Sommer auf dem Lande, in den Alpen, wie ich ihn noch nie erlebt hatte. Ich glaube, ich verzauberte einen kleinen Teil meiner Freunde. Auch wenn sie sich über meine große Verwandlung köstlich amüsierten, so zogen sie doch mit mir los, um dieses Geführtsein zu erleben.

Wir machten Ausflüge quer durch das Alpengebiet, bis nach Ascona in die Südschweiz, wo wir uns alle an der *„Valla Magia"*, einem mystischen Fluß, zum Wasserfallbaden trafen.
Wir besuchten zusammen den *„Monte Verita"*, wo *„Helena Petrova Blavatsky"* und *„Hermann Hesse"* ihre Werke schrieben.

Ich glaube, ich machte zu dieser Zeit eine Menge Blödsinn mit der „Inneren Führung", und die Engel hatten alle Mühe, mich zurückzuhalten.
Ich demonstrierte nicht nur, daß ich mit Handauflegen heilen, und die Zukunft voraussagen konnte, sondern lehrte sie, vom zehn Meter hohen Felsen ins Flußbett zu springen, um ihre Todesangst zu überwinden. Ich fuhr mit ihnen im Auto, ohne die Hände ans Steuer zu legen und demonstrierte die geistigen Kräfte damit, daß ich mit geschlossenen Augen Auto fahren konnte.
Ich mußte ein ganzes Bataillon Schutzengel um mich herum gehabt haben, daß mir und den anderen nichts passierte.

Aber auch dieser Sommer ging zu Ende und ein Teil meiner Freunde begann sich restlos von mir zu entfernen.
Noch hatte ich die Illusion, die alte Welt könnte geheilt werden, oder mit meinem neuen Weltbild irgendwie zusammengebracht werden. Aber schon bald bemerkte ich, daß ich in zwei Welten lebte, die sich beide immer mehr voneinander entfernten.

MEINE ALTE WELT BRACH ZUSAMMEN

Durch die große Veränderung, die ich zum „Geistigen" hin durchmachte, verlor ich immer mehr den Kontakt zur normalen Welt.

Ein Teil meiner alten Freunde mieden mich, meine Arbeit hatte ich bereits gekündigt. So lebte ich jetzt wieder in München in den Tag hinein, kaufte esoterische Bücher, Kristalle, Räucherstäbchen, Musik und überlies mich der geistigen Führung. Ich tippte meine esoterischen Erkenntnisse ab und verschickte mit meinem letzten Geld 1.444 Exemplare unter dem Titel *„Das Geheimnis von Eso Christal"*.

Im Bewußtsein, meine Aufgabe erledigt und meine Botschaft verschickt zu haben, ging ich wieder ins „normale" Leben zurück.
Mein „normales" Leben waren die Cafés mit den hübschen Mädchen. So begann ich die innere höhere Führung für meine persönlichen Ziele zu benutzen.

Ich hatte wieder mehrere Romanzen mit jungen, hübschen Mädchen, aber ich wollte mich richtig verlieben. So bat ich den Geist um ein Mädchen mit einem perfekten Körper und einer tiefen Liebe zu mir. Als ich das dachte, ging ich an einem „Playmate-Plakat" vorbei und sah ein besonders hübsches „Girl".

Zwei Tage später fuhr ich mit meinem Fahrrad an der Leopoldstraße entlang und blieb an einem Tisch eines Straßencafés hängen - fast wäre ich vom Fahrrad gefallen. Ein Mädchen lachte herzhaft über diese Situation - hier traf ich *Jana M.*, die junge Schauspielerin, zum erstenmal. Wir unterhielten uns stundenlang und küßten uns zum Abschied.
Wir erlebten zusammen monatelang den Himmel auf Erden und als ich dann erfuhr, daß sie das Playmate war, dachte

ich, das ist nicht möglich. Der Geist hatte meinen Wunsch sofort umgesetzt.

Was ich jedoch nicht wußte war, daß wir ein tiefes Karma miteinander hatten, und nach drei Monaten war ich tief unglücklich, als ich herausfand, daß sie noch andere Männer hatte. Irgendwie kam mir das bekannt vor, ich hatte auch immer mehrere Verhältnisse.

Die Jahre meines Karmas begannen. Der Schmerz war groß, denn ich bemerkte, daß ich persönlich das Gegenteil von dem tat, was ich den Menschen in den Cafés lehrte.
Ich sprach vom Loslassen, freier Liebe, Selbstlosigkeit, doch selbst „klammerte" ich.

Zu jener Zeit aber konnte ich noch nicht erkennen, daß nur der Geist einer höheren Welt in mich eingedrungen war, jedoch mein Körper alle alten Leidenschaften mit sich herum trug.
Lange Zeit war ich hin- und hergeworfen zwischen zwei Welten, der alten Welt des Playboys mit seinen vielen Romanzen, und der neuen Welt der „inneren Führung".

Die Erlebnisse vom „Schliersee" hatte ich schon bald ganz verdrängt. Ich hatte zum erstenmal wirkliche Liebe empfunden und sofort wurde mir dies wieder genommen, indem mir mein *Spiegel der Vergangenheit* vorgehalten wurde. Mir wurde plötzlich klar, was all die Mädchen empfunden hatten, die mich wirklich liebten und ich immer nur auf der Suche nach einem noch perfekteren und schöneren Körper war. Ich betete wieder nach Monaten frustrierender Café-Besuche zu *Gott in mir,* er möge mir eine Chance geben. Ich würde mein Leben ändern, wenn er mir eine Frau geben würde die mich wirklich liebt, und ich würde die Stadt verlassen und ein neues Leben auf dem Land beginnen.
Lange wurde ich nicht erhört und was ich auch tat, ich bekam keinen Kontakt. Erst, als ich dem Gebet zufügte, daß,

wenn ich eine feste Beziehung hätte, ich wieder an meiner Aufgabe arbeiten würde, den Menschen durch eine neue Botschaft zu helfen, geschah am nächsten Morgen etwas.

Ich wachte auf und hörte erneut die Stimme - sie war zurück! Dazu sah ich erstmals einen „Engel" - ein *Lichtwesen*, an meinem Bett stehen, das jedoch sah ich mit dem geistigen Auge. Der Engel berührte mich und diese Wärme kam zurück. Er sagte: *„Gehe heute Abend um 24.°°Uhr ins „Park-Café" und Du wirst dort jemanden treffen."*

An jenem Abend ging ich ins „Park-Café" und wunderte mich, warum ich so früh dort hingehen sollte, denn um diese Uhrzeit war dort noch nichts los.
Als ich das „Tanzcafé" betrat, waren nur zwei oder drei Tische besetzt. Aber wie von unsichtbarer Hand geführt, ging ich auf den letzten Tisch zu. Da saßen zwei Mädchen und als ich sie sah, schlug mein Herz höher. Ich wußte gar nicht was ich sagen sollte - eine der beiden war so schön. Ich fragte sie nach einer Zigarette, obwohl ich gar nicht rauchte. Ich redete und redete und sie hörte nur zu.
Dann erzählte sie mir ihren Liebeskummer, daß jemand mit ihr Schluß gemacht hatte. Wir verabredeten uns für den nächsten Tag am Schliersee. Sie war vom Land …vom Land. Ich fieberte dem Treffen entgegen und wußte, mein Gebet ist erhört worden.

Schon nach einigen Tagen waren wir so verliebt, daß wir zusammen aufs Land ziehen wollten. Das große Problem dabei war ihre Mutter, die mich nicht besonders mochte. Mit 17 beschloß *„Cindy"* sofort auszuziehen, um mit mir zusammen zu leben.
Wie von unsichtbarer Hand geführt, fanden wir dann, am Ende der Sommerferien, im Chiemgau, an einem kleinen Bergsee in „Unterwössen", ein Häuschen, wo wir ein Jahr zusammenlebten.
Die ersten Monate waren sehr romantisch und hatten einen

Höhepunkt mit einer gemeinsamen „Thailandreise". In dieser Zeit begann ich mit meiner ersten Filmproduktion und erarbeitete eine „UFO"-Videoserie mit dem Gedanken, das Thema „UFO" dafür zu benützen, eine Brücke zwischen der geistigen und der materiellen Welt zu bauen, denn ich wußte, daß nur etwas, was die Menschen sehen konnten, sie den höheren Welten näherbrachte.

Zu diesem Zeitpunkt bemerkte ich bereits die ersten körperlichen Veränderungen. Ich hatte Schmerzen, die gar keine Ursache hatten. Es war, als würden meine Zellen mit Licht durchschossen. Mir fiel auch auf, daß diese Hitze und Wärme nur im Kopf-, Schulter- und Herzbereich war und langsam nach unten ging. Um so tiefer das Licht in meinem Körper abstieg, um so größer wurden meine Ängste und Schmerzen.

Mit dem Abstieg des Geistes in die Materie, begann ich mich mehr und mehr in Machtspiele zu verlieren.
Meine Beziehung wurde zum Schlachtfeld meiner Unausgegorenheit, und schon bald vergaß ich meinen Ruf zu *Gott in mir*, es in der nächsten Beziehung anders zu machen.

Das Schlachtfeld der Macht wurde auch in meine Geschäftsbeziehungen getragen. Jeder der Beteiligten versuchte das Filmprojekt an sich zu reißen, so daß wir große Probleme hatten, den Film fertigzustellen.
All diese Probleme um Geld, Kontrolle, nur das Ziel vor Augen, dieser Film sei meine Aufgabe, die ich für Gott auf Erden zu erledigen hatte, ließen mich mehr und mehr für meine nächsten Menschen zum *Diktator* und blind für meine Menschlichkeit werden.
Kurzum, ich ging auf einen totalen *Ego-Trip,* wo einzelne Personen und ihre Gefühle nicht mehr wichtig waren, denn ich war ja der „*Weltretter*", der mit dem „UFO"-Film die Menschheit aufweckte.

Dieser Ehrgeiz sollte mich vor einen Scherbenhaufen stellen.

Als mich „Cindy" verließ, weil ich zu feige war, ihr zu sagen, daß ich sie von ganzem Herzen liebe und brauche, erlebte ich zwei Jahre der Verzweiflung und Verbannung.
Es zerbrach nicht nur der Traum einer Chance mich zu ändern, es zerbrach alles in mir.

MEINE KREUZIGUNG BEGANN

Die „UFO"-Filme wurden fertig und verkauften sich in 30 Ländern. Ich hielt am Geld fest und ließ meine Partner all das büßen, was ich mir selbst angetan hatte. Ein Krieg der Rechtsanwälte begann, der das meiste des eingenommenen Geldes wieder verschlang.

Mein „Ego" war durch den Verlust von *„Cindy"* geschlagen. Ein weiteres Jahr hielt ich es in dem Häuschen allein aus, bis ich mehr und mehr wieder nach München fuhr, um Mädchen aufs Land zu holen, um diesen romantischen Zauber zu wiederholen. Jedoch keines der Mädchen hielt es länger als ein Wochenende in dieser Stille mit mir aus.
Am Schluß kam ich mir wie ein Urlauber vor, der 30 Jahre an denselben Ort fährt und sich selbst die Geschichte erzählt, wie schön es dort ist.

Zum ersten Mal bemerkte ich, daß meine sexuelle Potenz immer mehr zurückging und sich dafür eine unbeschreibliche Hitze in mir breit machte.
Mein Körper veränderte sich weiter und ich begann, vielleicht auch aus Frust, zu essen. In kürzester Zeit war ich fett und häßlich und haßte mich selbst.
Ich glaubte der einsamste Mensch auf Erden zu sein und fiel in eine Apathie des Selbstmitleides.
Noch einmal machte ich Pläne für mein Leben und versuchte, wieder in mein altes Lebensmuster zurückzukehren.
Ich beschloß wieder zurück an den Stadtrand von München zu gehen. Dort gründete ich die „UFO"-Akademie und begann Seminare zu geben. Ich verkaufte über einen eigens angefertigten Katalog meine Videos, und meine Seminare wurden in kürzester Zeit gut besucht.

MEINE ZEIT ALS GURU

In München begann ich wieder alle um mich herum zu belehren, *was Gott ist* und *was er nicht ist*.
Ich war Vegetarier geworden und mehr und mehr wurde mir schon von dem Anblick geschlachteter Tiere schlecht. Ich nannte damals alle Fleischesser *„Leichenesser"* oder *„Kannibalen"*. Die Raucher bezeichnete ich, obwohl ich selbst noch bis vor kurzer Zeit geraucht hatte, als *„Sauger"*, die immer noch nach der Mutterbrust suchen. Und überhaupt, die alten Cafés und Menschenansammlungen hatten eine so tiefe Schwingung, daß man sie nur noch kurz aufsuchen konnte.

Irgendwie sah ich plötzlich alles mit anderen Augen. Ich sah, wie degeneriert alle waren, ich sah, wie kaputt die Großstädte geworden waren und flüchtete mich mehr und mehr in alternative Esoterikszenen, die über die Umweltzerstörung und die Rüstungsindustrie wetterten.
Es waren die kleinen esoterischen Büchereien und vegetarischen Imbisse, die mir ein wenig Halt gaben.

Zu jener Zeit begann ich alle möglichen Schriften zu entdecken und merkte, daß ich etwas mit Weltverschwörungsliteratur zu tun hatte. Irgendwie gab es da eine geheimnisvolle Verschwörung von *Bruderschaften, Freimaurern* usw. Und je mehr ich mich damit beschäftigte, um so mehr Erinnerungen kamen in mir hoch, daß ich schon einmal in einem anderen Leben etwas damit zu tun hatte.

Langsam veränderte sich mein Weltbild und ich begann zu begreifen, daß die Chemieindustrie, die Rüstungsindustrie, Banken und Versicherungen, ja der ganze Aufbau der Gesellschaft, nicht natürlich gewachsen war, und daß eine heimliche Verschwörung den Bauplan dazu gab.
Ich begann diese „geheime Bruderschaft" und alle Menschen, die da unbewußt für diesen Staatskomplex arbeiteten, ob

es Banken, Versicherungen oder Politiker waren, für alle Mißstände auf dieser Erde verantwortlich zu machen.

In meinen Seminaren sprach ich über diese geheime Verschwörung und jetzt kamen plötzlich ganz andere Leute zu meinen Vorträgen.
Es war ein Gemisch von Esoterikgeschwätz über UFOs, unterdrückte freie Energie und Erfindungen, den Plan der neuen Erde sowie der Lichtarbeiter, der außerirdischen Botschaften und meiner persönlichen Erleuchtung und vieles mehr, was ich den Leuten erzählte.

Meine Geschichten waren alle aus einem Blickwinkel erzählt, immer mit dem inneren Verständnis, daß es da eine dunkle, unbekannte Macht gab, die für alle diese Mißstände verantwortlich war.
Auch begann ich die Menschen einzuteilen in die *„von Gott Erwählten"* für das „Neue Zeitalter" und die, die noch nicht soweit waren und bald durch die „Apokalypse" sterben würden.

Ich hielt mich als den *„Erwählten"*, weil ich ja eine Botschaft zu überbringen hatte, sie alle aufzuwecken.
Es gab da nur einige die mir gleichgestellt waren und irgendwie war ich davon überzeugt, daß nur wenige das „Neue Zeitalter" erreichen würden, da sie ja alle ihrem *Ego* dienen und nicht dem *„Gott in sich"*.

Jetzt war ich wieder der alte Manager mit dem neuen Image eines *„Erleuchteten",* der auch bald wieder begann, die Mädchen mit seinem neuen Wissen zu beeindrucken.
Irgendwie scharten sich plötzlich eine Menge Leute um mich herum, die alle gegen diese „Dunkle Macht" antreten wollten und jemanden suchten, der ihnen sagte, wo es lang geht.
Zu jenem Zeitpunkt wußte ich noch nicht, daß ich am Höhepunkt meines erleuchteten *Egos* angekommen war, denn meine gesamte Betrachtungsweise der Menschen war der

Gipfel von Bewertung, Antiliebe und Spaltung in eine minderwertige Welt und in eine bessere Welt der Esoteriker. Und so wurde mir erst viel später klar, die Bruderschaften und alle Regierungen für alle Mißstände verantwortlich zu machen führte schon einmal zu einer Katastrophe - *dem 2. Weltkrieg.*

Ich hatte noch nicht die geringste Ahnung was wirklich gespielt wurde, belehrte aber schon alle, die „Dunkle Macht" sei zu bekämpfen.

Aber es sollte nur noch ein kleiner Schritt sein, bis ich in meinen Spiegel schauen durfte, um dieser dunklen Seite in mir zu begegnen. Dann aber sollten alle diese spirituellen „Ego-Trips" dem Tod geweiht sein.

Ich ging auf den *„Guru"*-Trip und alle einsamen 40-jährigen Frauen besuchten meine Seminare. Noch einmal sollte ich mit meinem Sportwagen in Schwabing auf und ab fahren, und - ganz wichtig - im Anzug und mit Autotelefon im Café vor dem *„Jet-Set"* meine *„Guru"*-Geschäfte abwickeln.
Ich versuchte auch wieder mit einem Bein nach Schwabing zurückzukehren und lernte dort eine junge Serbin kennen, die mir wieder ein wenig Mut gab.
Was ich jetzt jedoch nicht wußte war, daß das der *Anfang vom Ende* war, denn dieses Mädchen war so leidenschaftlich und sie war wie eine unbewußte Richterin (*das gleiche wird mit der Erde passieren!*). Sie hielt mir meinen Spiegel so präzise vor, daß mein *Ego* gar keinen Rettungsanker mehr anlegen konnte.
Gerade, als ich am Höhepunkt meiner Rückkehr nach München war und mein neues Geschäft mit „Esoterik" wieder gut zu laufen begann, und ich nach jahrelangem Schmerz wieder ein Gefühl für jemanden hatte, versetzte sie mir, unbewußt, den Rest.
Sie verließ mich plötzlich, unser *Karma* hatte sich sehr schnell

erfüllt. Jetzt, wo ich eine Beziehung wollte, bekam ich keine mehr.
Wir hatten ein sehr, sehr leidenschaftliches Verhältnis. Was ich jedoch nicht wußte war, daß mein *„Basis-Chakra"* und meine *„Kundalini"- Erweckung* bereits soweit fortgeschritten waren, daß ich, aufgrund des heftigen sexuellen Verkehrs, so gewaltige Hitzezustände und Schwindelanfälle bekam, daß ich das Gefühl hatte, innerlich zu verbrennen. Kurze Zeit später wurde ich ins Krankenhaus eingeliefert.

Bevor das jedoch geschah, sprach plötzlich die Stimme wieder zu mir. Ich hörte nur:
„Such Dir einen ruhigen Platz zum Sterben."

Ich war außer mir vor Angst, verließ München und zog mich an den „Chiemsee" zurück. Ich mietete in einem alten Bauernhof in den Bergen ein Zimmer, verschalte es mit lila Stoff und kaum war ich fertig, begannen Schüttelfrost- und Hitzeanfälle meinen Körper zu durchlaufen.
Immer wieder einmal versuchte die Angst in mir - *mein Ego* - sich in Sicherheit zu bringen. Ich hörte in jener Zeit mehr auf das, was andere Menschen zu sagen hatten, als auf meine *innere Stimme*. Mit anderen Worten, ich vertraute der äußeren Welt und deren Überlebensmechanismus mehr, als mir selbst.

Ständig nahm ich zu und wurde häßlich und kränker. Ich probierte alles aus, dies mit Gewalt zu stoppen. Eine Fastenkur jagte die andere, eine Diät die andere - alles vergebens. Immer wenn ich aufhörte, zog es mich wieder in die andere Richtung und ich nahm noch mehr zu und haßte mich noch mehr.
Es war jedoch nicht nur die Schönheit, die ich nicht loslassen konnte, es war das Ansehen, die Beachtung anderer Menschen, die ich in der oberflächlichen Welt in München mehr und mehr verlor.

Meine Angst vor Krankheit ließ mich unzählige Ärzte konsultieren, die zwar alle nichts fanden, aber jeder seine Interpretation aufstellte, was ich haben könnte.
Alle meine guten Freunde und alle Esoteriker hatten neue Konzepte. Einige sagten, ich hätte schweres Schuldkarma zu tragen und müßte um Vergebung bitten - das tat ich wochenlang vergebens. Um so mehr ich mich gegen die Schmerzen der Verwandlung sträubte, um so größer wurden sie.
Nach den Ärzten konsultierte ich ein ganzes Dutzend von *Geistheilern und Homöopathen* - vergebens, alles ging weiter wie vorher.

Die Familie begann Angst zu bekommen und es ging rapide abwärts mit mir. Keine Salben, keine Kräuter, keine Kristalle, kein Beten, kein positives Denken, kein Analysieren, keine Ärzte, kein Geistheiler, niemand konnte es stoppen auf was ich zusteuerte.
Viel später erst sollte ich daraus lernen, daß man das Schicksal oder Gott nicht betrügen kann.
Niemand kann einen retten, wenn der Tod im Plan der Seele enthalten ist, und niemals kann etwas Negatives passieren, wenn es Gott nicht will. Wir können nur akzeptieren was - „ist".

Langsam begann ich zu ahnen, daß ich nicht nur auf den Tod meines *Egos* und alter *Glaubenskonzepte* zuging, sondern, daß auch etwas in meinem Körper passierte.
Es gab nichts mehr, an was ich mich festhalten konnte, um meine Haut zu retten.

MEIN TOD DES NIEDEREN ASTRALKÖRPERS

Etwas Unglaubliches geschah, ich hatte das Gefühl, ich verlor in meinem Körper jeden Halt.
Ich hatte Angst zu verbrennen, jeder Nerv schrie um Hilfe. Es war der *„Tod der tausend Tode"*.

Meine Eltern brachten mich zu einem Arzt der mir Gold spritzte, um meine Nerven zu beruhigen. Er konnte jedoch keine physische Symptome feststellen, außer meiner panischen Angst und meine Schmerzen.
Nach wochenlanger Behandlung ohne Besserung spritzte er mir Psychopharmaka und lieferte mich in eine Klinik ein.
Dort begann erst recht mein Leidensweg. Man füllte mich mit Chemie an und ich merkte, daß alles nur noch schlimmer wurde. Ich war 3 Monate in dieser Klinik und es war wie ein „Horrortrip", denn niemand verstand, was da vor sich ging. Es gab Tage, da konnte ich nicht laufen, so schwach war ich. Schwindelanfälle, Hitze, Kälte und Angstanfälle wechselten sich ab. Der Blutdruck ging hoch und runter.
Aufgedunsen, 20 kg zugelegt, mit schwarzen Augenrändern von der Chemie lag ich da und hatte nur eine Hoffnung, daß mir vergeben wird, denn ich begann mich selbst schuldig zu fühlen.

Ich ging alle Stationen meines Lebens noch einmal durch und sah, was ich angeblich falsch gemacht hatte. Ich sah mein *Karma*, dieses und anderer Leben.
Manchmal mußte ich 5 - 6 Liter Wasser trinken, weil mein Blut zu dick war, da diese unerklärliche Hitze das Wasser in meinen Adern einfach verdampfen ließ. Die Haare fielen mir aus - *ich schrie um GNADE.* Dann sprach meine innere Stimme wieder zu mir:
„Sage, daß es Dir besser geht und verlasse die Klinik. Stärke Dich und gehe durch den Tod noch einmal durch, ohne Schmerzmittel."

Ich täuschte meine Besserung vor und wurde auf eigene Verantwortung entlassen. Auf dem Weg nach Hause sagte meine Mutter, sie möchte mit mir an einen speziellen Ort fahren, und bis ich es realisierte, stand ich am Gnadenort „Birkenstein".

Als ich aus dem Auto stieg bekam ich einen Weinkrampf, denn ich verstand das Zeichen. Sie führte mich zu jenem Ort, wo ich meine Aufgabe bekam. Dort gingen wir zu einem Platz, wo „Christus" in einem Höhlengrab, abgenommen vom Kreuz, liegt.
Ich sagte nur: *„Ich wußte nicht, wie schwer Sterben ist",* und meine Mutter sagte, unter Tränen: *„Alles wird wieder gut, es stirbt nur Dein EGO."*

Einige Tage danach, als ich zu Hause war, klingelte es an der Haustür und meine Mutter redete mit jemanden und sagte, daß es mir nicht gut gehe. Die Tür ging auf und ich schämte mich, denn *„Cindy",* meine letzte große Liebe, stand wie das blühende Leben vor mir.
Ich glaube, wir waren beide geschockt. Ich über das blühende Leben und die Reife, sie war richtig erwachsen geworden, und sie über mein Aussehen, denn das was sie sah, war dem Tod näher, als dem Leben.
Ich wollte ihre Hand nehmen, brachte aber kein Wort heraus und als sie wieder ging, entwich ein Schmerz aus meinem Herzen, den ich dort zwei Jahre vergraben hatte.

Das alles sollte jedoch erst der Anfang von meinem Abstieg sein.

Ich begann mich auf den „Tod" vorzubereiten. Ich schenkte alles her was ich hatte, und der Rest wurde mir begierig von meinen Gläubigern genommen.
Meine Filmgesellschaft und die „UFO"-Akademie gingen in Konkurs und jeder nahm sich noch schnell was er erwischen konnte. Selbst Leuten, denen ich vertraute, brachten das,

was sie meinten, daß es ihnen zusteht, noch schnell in Sicherheit.
Ich landete wieder in dem Bauernhof, abseits von allem Lärm. Diesmal wußte ich, daß ich noch einmal durch den gleichen Prozeß gehen mußte, nur mit dem Unterschied, daß ich entschlossen war, alles in völliger Hingabe anzunehmen, ohne Gegenwehr und ohne Hilfe. *Ich war bereit mein Leben zu geben.*

Gott sandte mir einen Menschen an meine Seite, um mir bei dem Prozeß der Metamorphose beizustehen. *„Klaus"* war ein Zimmernachbar und Freund, der sich um mich kümmerte. Er kannte all meine Ängste und wußte, durch was ich ging.

Das erste was ich machte, um die Chemie aus dem Körper zu bekommen war, daß ich täglich bei Schnee, Regen oder Sonnenschein auf den „Hochgern", einen Berg ging.
Manchmal schleppte ich mich diese 1000 Meter hoch, aber ich wußte, ich mußte meinen Körper stärken, denn das was da kommen sollte brauchte alle meine Kräfte.
Zu diesem Zeitpunkt begann ich zu begreifen, daß ich auf etwas zuging, was vielleicht noch nicht viele Menschen vorher auf diesem Planeten erlebt haben.
Ich bekam Mut weiterzuleben und den Körper den Tod, als metaphysische Erneuerung, experimentieren zu lassen.

Ein halbes Jahr lang ging ich Tag für Tag auf diesen Berg und die Einheimischen erzählten schon Geschichten über den „Verrückten", der täglich einsam durch die Bergwälder nach oben stieg. Zu jener Zeit überkam mich die erste große Vision meiner Botschaft und ich begann sie niederzuschreiben -

„DIE LEGENDE VON ATLANTIS"
(Die Legende der Menschheit).

Ich bekam einen tiefen Einblick in die Zusammenhänge meines Körpers zur „Mutter Erde". Mir fiel es plötzlich wie Schuppen von den Augen, daß das, was ich durchmachte, der physische Aufstieg der *Tod* und die *Auferstehung* ist, wie „Christus" es vorhergesagt hatte.

Ich verstand, daß ich einer der vorab geöffneten Zeugen bin, der der Menschheit als lebendes Beispiel bezeugen soll was passiert, wenn die „Christusenergie" auf die Erde zurückkommt und der Planet durch den *Tod* und die *Auferstehung* geht.

Mir wurde plötzlich klar, daß ich die „Apokalypse" an meinem Körper erlebte.
Die Angstwellen strömten durch meine Zellen und ich sah, wie die Menschen die *Angstwellen* in dem planetarischen Körper sind, die durch die Fluten und Erdbeben ausgelöst wurden. Das viele Wasser das ich trank, um nicht zu verbrennen, waren die *Flutwellen* im planetarischen Körper. Der Schüttelfrost war das *Erdbeben,* die Schwindelanfälle das rasche *Abnehmen der Erdmagnetsphäre,* der Haarausfall war das *Waldsterben* und die Schmerzen waren die Umstrukturierung meiner *DNS* (der genetischen Information).

Ich verstand, daß ich etwas voraus erlebte, um es beschreiben zu können. Ich war ein Teil des planetarischen Geistes im menschlichen Körper, der diesen Prozeß vorab erlebte.

Die Mutter Erde und die Menschheit werden genau den gleichen Prozeß durchmachen.

In kürzester Zeit begann ich zu ahnen, daß mein ganzer Körper erneuert werden sollte, jedoch mußte der alte sterben und das zur gleichen Zeit. Jetzt verstand ich auch, daß die Erde durch denselben Prozeß gehen wird, daß eine neue Generation geboren wird, die bereits in einem höheren Magnetgitternetz eines höher schwingenden Plans existiert.

Der alte Plan, die dreidimensionale Struktur, wird jedoch durch eine globale Metamorphose zerfallen.

So existieren also, während des Übergangs in eine neue Zeitepoche, *zwei Welten* am selben Platz. Eine *dreidimensionale* Welt und eine - vielleicht *fünfdimensionale* Welt.

Damit verstand ich auch, warum mir keine Medizin, kein Konzept, niemand helfen konnte. Weil die neuen Zellen in meinem Körper, die neue *DNS,* kein Konzept des „Getrenntseins" mehr kennt. Sie verdrängen und bekämpfen den negativen Pol nicht, sondern integrieren ihn.

Ich konnte nur ahnen, daß der Höhepunkt noch kommen würde, das heißt, die *Scheidung der Geister,* der *alten* und *neuen* Zellen.
Ich studierte die alten Schriften der Bibel und fand heraus, daß Christus sagte: *„Diesmal wird die Erde mit Feuer gereinigt."* Jetzt wußte ich, was passieren wird. Das Feuer in mir würde zunehmen und mit einem Höhepunkt meinen Körper reinigen.
Und so war es dann auch. Plötzlich konnte ich nicht mehr laufen, meine Füße waren wie Blei und jede Bewegung war, als würde das Magnetfeld meines Körpers kippen. Dann lag ich wieder und *„Klaus"* wurde in das alles eingeweiht, aber er dachte, ich phantasiere.
Ich sah den Tag meines spirituellen Todes voraus. Mein Herzschlag nahm in dieser Nacht ab, ich betete leise immer wieder die Worte:

„Vater, ich bin bereit, Dir mein Leben zu geben."

Aber als ich merkte, jetzt geht es los, bekam ich wieder Angst.
Das Magnetfeld kippte und implodierte. Es war ein unbeschreiblicher Druck bis zur Implosion. Es war wie eine rasende Feuerwand die in mich eindrang - *dann fiel ich in Ohnmacht.*

MEIN ERWACHEN IM GRAB

Am nächsten Morgen erwachte ich sehr spät. *„Klaus"* stand im Zimmer und sagte: *„Du lebst noch, es war wieder einer Deiner Angstanfälle."*
Ich sah ihn jedoch nicht, alles um mich war weiß, wie mit einem weißen Licht bedeckt und es dauerte einige Zeit, bis ich mich wieder fühlen konnte.
Von dem Tag an wußte ich, daß meine *„Kundalini"* alle meine alten Nerven verbrannt hatte, um die neue Saat zu gebären - *um den Weizen vom Spreu zu trennen.*
Meine Aura war von außen nach innen implodiert, der niedere Astralkörper war verbrannt und die Seele und der Körper, die den äußeren und inneren Kosmos darstellen, waren jetzt *eins.*

Die Seele in mir war durch den Tod des niederen Astralkörpers gegangen. Der Planet Erde hat einen seiner ersten neuen Körper geschaffen, als vorab geöffneter Zeuge dessen, was die Menschheit und der Planet in kürzester Zeit erleben wird.
Die Angstwellen der Panik bis zur Feuerwand, die um den Planeten rasen wird, wird die Welt der Illusionen von der Neuen Welt trennen bei der Rückkehr des Christus.

Anfangs war ich noch sehr schwach und brauchte eine lange Zeit, um meine Botschaft niederzuschreiben. Ich möchte hier noch einmal die Symptome eines physischen Aufstiegs beschreiben:
Der planetarische Geist erweckt jetzt seine Saat, die in das neue Weltzeitalter in einem höherschwingenden Magnetgitternetz (subatomare Ebene) übernommen wird. Dies geschieht durch zwei Komponenten:
Die neue Generation wird bereits in einem höherschwingenden Körper geboren und ist bereits im neuen Plan verankert.

Die alte Generation macht einen physischen Aufstieg, eine Transmutation, seelisch, geistig und körperlich in eine höhere Schwingungsoktave des universellen Gitternetzes oder legt bei der Verbrennung des niederen Astralkörpers der Erde ihren Körper ab.

Ich hatte während eines Zeitraumes von 7 Jahren folgende, sich abwechselnde, körperliche und seelische Veränderungen:

- Gewichtsschwankungen (2o kg)
- Schwindelanfälle
- unbegründete Angstzustände
- Krämpfe am gesamten Muskelsystem
- Hitzewallungen
- Schüttelfrostanfälle
- unnormaler Durst (über 5 Liter Wasser pro Tag)
- beschleunigte Gedanken
- Herzrasen
- Übelkeit
- Kompression
- Stiche
- nicht zu lokalisierende Schmerzen der DNS und Molekularveränderung
- spannende Haut
- Verjüngung
- Haarausfall
- Schweregefühl
- Wirkungslosigkeit von Medikamenten
- unbegründete Weinkrämpfe
- psychosomatische Leiden
- Aggressionswallungen
- Schlaflosigkeit
- Überdrehtheit
- starke Depressionen
- das Gefühl, ausgetrocknet zu sein - speziell am Morgen

- Freßsucht und Appetitlosigkeit im Wechsel
- elektrisches Kribbeln
- Überempfindlichkeit gegenüber Menschen und Geräuschen
- Übersensibilität von Empfindungen
- Verstärkung von Suchten
- immer schneller werdende innere Erkenntnis
- abwechselnd Verstopfung und Durchfall
- anhaltende Müdigkeit und Starre
- Verbrennen der Erektion auf höherer Mentalaktivität
- keinen Samenerguß mehr.

Diese Veränderungen dauern mit der „Molekularverschiebung" des *inneren* Kosmos an, und werden erst im Jahre 2011 ihren Höhepunkt erreichen.
Es existieren also bereits *zwei* atomare Gitternetze und deren Polarität spaltet sich mehr und mehr auf.
Die dreidimensionale Welt ist nur eine materielle Struktur und hat die Elektrogravitation im *Außen* und ist *innen hohl*. Die vier- und fünfdimensionale Welt hat im Aufstiegsprozeß die Elektrogravitation im *Innern* und die Polarität des *inneren* und *äußeren* Kosmos vereint. Man kann sich das folgendermaßen vorstellen:

INITIATIONSSCHRITTE (Einweihungsschritte)

1. Ein Licht tritt in einen Menschen ein und erweckt ihn.

2. Das Licht arbeitet sich langsam durch die dreidimensionale Struktur.

3. Das Licht legt sich um jedes Atom wie ein Lichtkleid, ein neues Gitternetz.

4. Das Licht implodiert am Höhepunkt in jeden Atomkern und vereinigt den inneren und äußeren Kosmos.

5. Ein neuer Körper ist geboren, eine neue Frequenz, auf der es kein *Getrenntsein* mehr gibt und die Polarität auch physisch überwunden wurde.

6. Wenn der Prozeß abgeschlossen ist, existiert derselbe Mensch, nur auf einer höheren Oktave des Elektromagnetismus.

7. Am Ende des Aufstiegsprozesses der Menschheit wird dann die alte Struktur abgefackelt und alle *Aufgestiegenen* im neuen Kleid, existieren auf der höheren Oktave des Kosmos.

Was können wir tun, bei diesem Prozeß?
Das einzige was ich herausfand war, um so mehr ich bereit war, das Ganze geschehen zu lassen, um so weniger wurden die Schmerzen.
Je mehr ich an meinem Leben in alten Dingen festhielt, desto gewaltiger wurde es mir genommen.
Ich verlor mein Geschäft und gewann dafür innere, geistige Führung.
Ich verlor meinen Partner und lernte mit mir zu sein.
Ich verlor all meinen Besitz und gewann eine unsagbare Freiheit.
Ich verlor fast all meine Freunde und gewann, im Augenblick mich mit jedem Menschen zu teilen.
Ich verlor mein altes Leben und gewann ein neues.
Ich verlor meine Schönheit und lernte meine Häßlichkeit zu lieben. Ich verlor meine Persönlichkeit und gewann, ALLES zu sein.
Ich konfrontierte Tod, Krankheit und Alter und verlor die Angst vor dem SEIN.

Am Höhepunkt der Dunkelheit um mich herum, wurde ich von unsichtbarer Kraft aufgefangen. Oft hatte ich kein Geld mehr und viele kleine Wunder geschahen um mich herum, so daß es für die nächsten Tage weiterging. Ich mußte nie

Hunger leiden, denn wenn wirklich gar nichts mehr da war, stand plötzlich jemand vor der Tür und lud mich zum Essen ein. Mit der Zeit ließ mich auch die Angst vor dem „Bankrottgehen" los. Es passierte jahrelang etwas, daß immer meine Miete bezahlt wurde. Es kam ein kleiner Job, oder jemand kaufte mir etwas ab. Um so mehr ich alles einfach geschehen ließ und nur dem folgte, was auf mich zukam, um so einfacher wurde mein Leben. Wenn etwas wirklich Probleme machte, war es, weil ich wiedereinmal an etwas festhielt, sei es mein Aussehen, mein Ansehen und mein Ruf, meine Sicherheit etwas zu besitzen oder meine Haut retten zu können, in dem ich mit meinen Schmerzen einen Arzt aufsuchte.

Langsam begriff ich, daß nichts passieren kann, was nicht im Plan meiner Seele festgehalten ist. Diesem Plan allerdings zu vertrauen, ohne ihn zu kennen, ist der schwerste Teil.

Wir alle sind danach geworden in einer berechenbaren Welt zu existieren, und jetzt sollte ich auf einmal von Augenblick zu Augenblick vertrauen, ohne daß ich wußte, wie es weiter geht.

Ich gab jedes Planen auf und folgte meinen Intuitionen. Ich fand heraus, daß alles Negative, was passiert, mich immer einen Schritt weiter brachte, um ein großes Bild zu verstehen oder eine neue Erfahrung zu machen, zu welcher ich ohne das plötzliche Eintreten einer neuen Situation nicht bereit wäre.
So war also das Chaos die *Neue Ordnung,* und der Tod in Wirklichkeit eine *Geburt in etwas Neues*. Die Krankheit war die *Heilung,* wenn ich sie zuließ, der Schmerz die *Geburtswehen für ein neues Leben.* Ich bemerkte, solange ich noch Vorstellungen von Mangel und Angst hatte, daß ich mich genau von der Erfüllung meiner Wünsche trennte. Das bedeutet also, die Welt steht auf dem Kopf.

Mangel kreiert mehr Mangel - Fülle mehr Fülle

Natürlich wollte ich, nachdem ich dies begriffen hatte, wie ein Magier meine Wünsche durch positives Denken herbeizaubern. Das funktionierte jedoch nur, wenn die Seele keine Angst potential gespeichert hat. Ich mußte erst einmal das Gegenteil voll zulassen und den Mangel voll lieben, da meine Seele diese Erfahrung noch brauchte.

Wie aber kann man das negative Potential in sich oder im anderen voll zulassen?

In dem man dem Fluß des Lebens vertraut und wirklich „Einstecken" lernt, ohne Schmerz, Leid, Krankheit, Mangel - usw. zu verdrängen.
Ich begann das Zauberwort „*Integration*" zu finden, und wann immer etwas auftauchte, was ich nicht mochte, setzte ich mich kurz hin und stellte mir vor, daß ich es annehmen konnte - *ich umarmte die Situation.*
Und siehe da, die Angst davor war weg und manchmal änderten sich dann auch die negativen Erlebnisse. Christus sagte damals:

„*Wenn er zurückkomme. Die, die am Leben festhalten, die werden es verlieren und die, die sich ihm ergeben, werden es gewinnen, das ist das Gesetz der Gnade.*"

Dies zeigt deutlich, daß es bei seiner Rückkehr eine energetische Umpolung der Werte und der Polarität gibt. Leben heißt - *loslassen,* Tod heißt - *festhalten.*

„*Und wenn der Mensch den Tod geliebt -*
dann gibt es auch keinen Tod nicht mehr"
(Yogananda)
Was bedeutet dies:
Hohe Eingeweihte wissen um das Geheimnis, daß diese Welt, so wie wir sie kennen, noch eine Scheinwelt ist, denn sie

existiert nur in der äußeren Welt, die sich am Leben erhalten möchte. Nennen wir sie die „positive" Welt, denn jeder will nur, daß ihm *Gutes* widerfährt. Jeder hat aber sofort Angst vor der Angst, daß etwas Negatives passieren könnte.
So lebt diese Welt also nur auf einem Pol aufgebaut, hält an Positiv fest und verdrängt den zweiten Pol - *Negativ*.

Leben +   Tod -

Die Welt der „Vollendeten", die jenseits der *Welt der Illusionen* existiert, lebt aber genau auf dem Kopf stehend.
Sie integrierte alles Negative, hält am Tod fest und verdrängt den zweiten Pol - *Positiv, das Leben.*

Leben -   Tod +

Das bedeutet, wenn jemand der Tod ist, dann gibt es keine Polarität zum Tod mehr - also keine Erfahrung zum Tod.

Die alten Eingeweihten aus *Atlantis* und auch noch in *Ägypten* wußten, daß ein „Adept" erst zum Meister erhoben wurde, wenn er die Angst vor dem Tod überwunden hatte. Diese Einweihung nannten sie den „Schamanentod" - *„Von den lebenden Toten zu den toten Lebenden".*
Diesen Zustand kann man nicht selbst herbeiführen. Nur wenn die Veränderungen an der Materie stattfinden, kann man sich ihnen hingeben. Die Widerstandslosigkeit möchte ich die „Kontraktion" nennen - *die totale Entspannung*. Dadurch löst man die Polarität auf.
Die Bewegung zum positiven Pol in uns und der Welt ist immer die Ablehnung, die Abspaltung, die Trennung, die Expansion.

Die Bewegung zum negativen Pol in uns und der Welt ist immer das Annehmen, das Loslassen, die Integration und der Integral zur Einheit.

Wenn man selbst alles Negative erfahren und integriert hat, entsteht wieder die Einheit.
Mit der Rückkehr des *„planetarischen Christus"*, was immer das auch sein wird, beginnt also die Auferstehung durch die *Auflösung der Polarität*. Keiner kommt, wenn er dabei sein möchte, an der Überwindung der Polarität vorbei.

„Die Ersten werden die Letzten sein."

Das bedeutet, die, die denken sie können die Welt im Äußeren ändern, sie werden feststellen, daß sie in diesem Prozeß die *Letzten* sind.

„Die Letzten werden die Ersten sein"

Das bedeutet, die Menschen die gelernt haben, von Inkarnation zu Inkarnation mehr Negatives zuzulassen, die werden als *erstes* den Integrationsprozeß beenden - *weil sie die Liebe sind*.

Alle staatlichen und religiösen Instanzen wird es automatisch mit dem „alten Bewußtsein" nicht mehr geben, wenn die Menschen, die dort arbeiten, merken, was jetzt mit ihnen geschieht, denn auch sie gehen durch einen Prozeß der *Verwandlung*.

„Gott hat mich und wahrscheinlich auch viele andere, als lebendes Beispiel ausgesucht, um ein Zeugnis zu geben, daß der Tod durch die Integration überwunden werden kann."

Eines Tages, nach diesem Höhepunkt, kam ein junger Forscher zu mir an den „Chiemsee" und erzählte mir von seiner „Kirliansfotografie", einer Methode die „Aura" eines Lebewesens zu fotografieren.
Ich fragte ihn, was denn passieren würde, wenn nur eine ganz schwache oder gar keine Aura zu sehen wäre. Er gab mir zu Antwort: *„Der Kandidat ist wahrscheinlich schon bei*

der Zersetzung seines Körpers oder liegt im Sterben."

Ich sagte ihm, er solle sein Gerät holen. Er machte eine genaue Aufnahme von meinen Händen. Es blitzte und das Foto wurde entwickelt - *und nichts war zu sehen.* Der junge Mann war geschockt. Er wiederholte es nochmals. Bei ihm funktionierte es, bei mir blieb das Bild leer. Warum? *Weil ich nicht mehr in dieser dreidimensionalen Welt existiere!*

Tod und Leben sind eine duale Illusion. Der Aufstieg wird einigen erlauben, diesen Prozeß nachzuvollziehen.

Das Leben existiert wie der Tod, von jeder Sekunde zur nächsten neu und - I S T.

MEINE AUFERSTEHUNG

Ich schreibe Euch diese Botschaft auf, um der Nachwelt ein Zeugnis zu sein, den Aufstieg gemeistert zu haben.
Der Prozeß kommt ganz von allein, wenn ein Lernzyklus eines Menschen abgeschlossen ist.
Der Aufstieg bedeutet, alle abgespaltenen Ängste und Teilpersönlichkeiten wieder integriert zu haben.

Nach meinem Durchbruch in den „Inneren Kosmos" war zwar die „Transmutation" des Körpers noch nicht abgeschlossen, aber es reichte, um mich an die Geschichte der Menschen zu erinnern. Immer fragte ich, welche Botschaft ich Euch bringen sollte. Jetzt verstand ich, *ich selbst bin diese Botschaft - eine lebende Botschaft*. Durch dieses Verstehen, kam auch die Erinnerung wieder. Plötzlich war da wieder mein „UFO"-Erlebnis von 1989 und auch das Zeitloch in meiner Erinnerung, und ich sah die sieben weißen Lichtgestalten wieder vor meinem geistigen Auge. Sie verneigten sich und sagten: *„ES IST VOLLBRACHT, bis zu Deiner Abreise wirst Du ein ganz normaler Mensch sein"*.
Sie zeigten mir die „Koordinaten", wo ich später einmal in das „Lichtschiff" der Föderation aufgenommen werden sollte *...ein Bergtal in den Alpen, an einem windigen Tag.*

Und so, wie ich einst hier ankam, so gehe ich wieder zurück. Die Prophezeiung des kosmischen Christus und der Raumbrüder lautet:

„Wenn auf Erden die letzte Schlacht um die Wahrheit beginnt und die Vollendeten 144.000, die einst als Außerirdische auf die Erde kamen um der Menschheit zu dienen, ihre Botschaft hinterlassen und ihre Aufgabe erfüllt haben, dann werden wir sie mitten aus dem Chaos von der Erde holen."
Ich sah mich von einem Levitationsstrahl in die Raumscheibe hochgezogen und sah ein riesiges Mutterschiff, so groß wie

ein ganzer Planet, das unsere Raumscheibe aufnahm, wenn auf der Erde die letzten Tage der *„Welt der Illusion"* beginnen.

Später, nach 2011 werdet Ihr mich erkennen, wenn die Aufgestiegenen 144000 Meister zurückkehren, um als normale Menschen hier zu leben. So kam ich also einst, als einer der Götter, vor unvorstellbar langer Zeit hier auf die Erde und verlasse sie als ein normaler Mensch.

Es waren jetzt sieben Jahre vergangen, seitdem mich der *„Hohe Rat von Sirius",* auf Bali, mit den Raumschiffen der Konföderation aufgesucht hatte und sie dann eines Nachts um mein Bett standen und mit mir über meine Aufgabe sprachen.
Damals konnte ich mich nur an die letzten Worte erinnern, meine Frage an Sie: *„Werde ich dann unsterblich?"* Sie lachten herzlich und sagten:
„Du bist es doch schon immer gewesen. Du hast Dich hier doch nur freiwillig gemeldet, um den Menschen ein Licht auf ihrer Reise des Vergessens zu sein und um dabei selbst das Menschsein zu erfahren."

Ich verstand zu jener Zeit nichts. Sie lächelten und sagten:
„Dein Fall als Engel war im Schöpfungsplan vorgesehen. Es gibt nichts, was nicht in Gott enthalten ist. Wenn Du Deine Aufgabe hier auf Erden erfüllt hast, kommst Du wieder nach Hause und erhältst all Deine Rechte und Titel in der Föderation zurück."

Langsam begann ich zu begreifen. Um ein *unsterblicher* Gott zu werden, muß man erst einmal ein *sterblicher* Mensch gewesen sein, mit all den negativen Erfahrungen, um Mitgefühl, Liebe, Vertrauen und Verständnis zu entwickeln. Denn wie sollte ich später als „Botschafter" andere sterbliche Welten besuchen, wenn ich nicht selbst einmal sterblich war

und wirklich verstand, wie schwer es ist, „Menschsein" zu ertragen.
Jetzt war ich bereit, endlich mein Leben, mit allen negativen Erlebnissen anzunehmen und auch das Leid zuzulassen, denn ich wußte, sie kommen, um mich eines Tages wieder zurückzuholen.

So schließe ich hier meine Botschaft, auf „Bali" im Tempel und Sitz der Götter, genau sieben Jahre nach dem Kontakt, ab.

Diese Botschaft braucht nur einen von Euch zu erreichen, Ihr werdet sie wie eine Fackel zu Eurer Erleuchtung tausendmal um den Planeten tragen

DER AUFERSTANDENE PROPHET ELIAS
AUS ATLANTIS

Der auferstandene Körper des neuen Menschen hat die Polarität überwunden und ist ein eigener Kosmos, das Abbild Gottes.

Birkenstein, Maria Gnadenort in Bayern.

Der Erzengel Michael und der *Heilige Georg* werden in den westlichen Religionen als die Drachentöter dargestellt, die das Böse besiegten. Hier kann man die Umkehrung erkennen, denn der Eingeweihte weiß, daß man das Böse nur durch Integration überwinden kann. Der Kampf gegen das Dunkle hält die Menschen von Leben zu Leben von ihrer Vollendung zurück und bindet sie weiter an die Illusion der Polarität.

Bild zeigt die Rosenkreuzer und Freimaurersprache: *"Wir sind die eine Kraft, die im Namen der Rose (Liebe) die Menschheit ans Kreuz geschlagen hat!."*
Nach dem Polaritätsgesetz: *"Wir sind die eine Kraft, die Schlechtes will und Gutes schafft."*
Der Zirkel zeigt die Baumeister der Christlichen Kirche und verrät: Christus der Nazarener ist der König der Juden (INRI).
Die Nazarener waren eine abgespaltene Bruderschaft der Essener (atlantische Nachkommen).

Der Speer des Schicksals, dem man magische Kräfte zusagte, weil er Christus ins Herz gestoßen wurde. Alle großen Herrscher Europas strebten nach ihm. Hitler hielt ihn in Nürnberg versteckt. Von da wurde er zurück nach Wien ins Museum gebracht.

INDIVIDUELLE BOTSCHAFTEN

An die Bruderschaften und Illuminaten

Ich bin der Erste und der Letzte der alten Pyramide des Lichtbringers.

Öffnet Eure Tore und verwandelt alle Tempel in Universitäten für Geisteswissenschaften.

Löst die Orden der Bruderschaften auf und überlaßt den Aufstieg der Menschheit sich selbst.

Die neue Weltordnung kommt von innen.

An die alten und neuen Lichtarbeiter

Lernt zu begreifen, daß die alten Bruderschaften genauso dem Licht gedient haben, wie jetzt die neuen sich erwählt sehen, Gott zu dienen.

Hört auf, eine neue Polarität zu erschaffen, in dem Ihr in irgend etwas das *Dunkle*, das *Böse* oder den *Teufel* seht.

Ihr alle müßt bei *Euch* anfangen, den Schatten zu integrieren.

An die Industrie und an die Umweltbewegungen

Lernt zu begreifen, daß Ihr alle nur ein Teil der Wahrheit seid, der lernen muß, den anderen Teil zu integrieren.

So wird Chemie und Homöopathie zur - *Allchemie.*

So wird Industrie und Umweltschutz zur - *Umweltindustrie.*

So wird Krieg und Frieden durch - *Weisheit* - ersetzt.

An die Menschen auf der Straße

Wenn Ihr für Eure täglichen Opferrollen im Leben die Verantwortung übernehmt, werdet Ihr auch keine Täter mehr sein.

Ihr werdet lernen, die Verantwortung für alles, was Euch geschieht, zu übernehmen, da dies ein Spiegel aus einer unbewußten oder bewußten Vergangenheit ist, der Euch das Gesetz des Karmas vorhält.

„LEBEN IST GERECHTIGKEIT"

Und wenn Ihr als Brüder zusammen in Frieden lebt, dann braucht es auch keine Bruderschaften mehr, geschweige denn irgendwelche Regierungen, die die Rolle des „Vaters" oder der „Mutter" übernehmen.

An meine unbekannten und bekannten Freunde

Ich bitte Euch, über meine Person Stillschweigen zu bewahren, solange ich noch auf der Erde lebe, denn ich möchte ein ganz normales Leben führen und einer von Euch sein.

Einigen, die mich nicht kennen, werde ich mich noch zu erkennen geben und sie werden mich an dem „Schlüssel" erkennen, der auf dem Titel des Buches abgebildet ist.

Der Mittelstein ist ein rosa Diamant von der *Venus*, der beim Fotografieren seine Farbe ins blau verwandelt.
Er wurde mir in *„Kuala Lumpur"* von einem chinesischen Meister übergeben.
Der Schlüssel wurde in Ägypten bei dem *11 : 11* - Treffen, nach Anweisung der geistigen Welten geschaffen und aktivierte meine ägyptische Initiation in mir.

Die Steine *Feuertopas* und *Aquamarin* sind die Verschmelzung von Feuer und Wasser, welches zum ätherischen Lichtkörper führt und ist ein Symbol der aufgestiegenen AVATARE, die die kosmischen Energien und die Erdenergien verschmolzen haben.

DAS SYMBOL DES SCHLÜSSELS ZUM EWIGEN LEBEN

An meine Eltern und meine Schwester

- denen ich dieses Buch widme -

Ich weiß, wie schwer es für Euch war, mich teilweise zu ertragen, denn bis zu meinem Abstieg war ich die Eitelkeit in Person, da ich mich immer für etwas „Besseres" hielt und mir im Leben keine Hände schmutzig machen wollte. Ich dachte immer, alle müßten mir dienen.

Bis zu meinem „Bewußtwerden", hatte ich die alte Energie von Macht und Herrschaft aus Atlantis.

Jahrtausende haben wir uns in den Herrschaftshäusern inkarniert und haben jetzt die Möglichkeit, als „normale" Familie die Liebe zu leben.

Um so mehr ich jetzt mein „Menschsein" akzeptiere, um so mehr kehre ich in den Zustand der Unschuld zurück, den ich in den geistigen Welten hatte.

Ich liebe Euch und danke Euch für alles.

NACHWORT

Ich lebte als ganz normaler Mensch mit allen meinen Schattenseiten mitten unter Euch.
Dann begann meine Suche, mich ändern zu wollen. Unglaublich viele Konzepte probierte ich aus, um besser zu werden.

Als ich dann in alle meine Einzelteile untersucht hatte und sich doch nichts änderte, bekam ich Kontakt zu einer *höheren* Welt.

Ein „UFO"-Erlebnis war der Auftakt zu meinem *spirituellen Erwachen*.
Dann begann der *Abstieg* und ich mußte lernen, meine negativen Seiten zu integrieren und zuzulassen.

Damit begann *meine* Welt „auf dem Kopf zu stehen", denn um mich herum war eine Welt, die nur existierte, weil sie das *Negative* verdrängte.

Mit der Vereinigung meiner Licht- und Schattenseite in mir, begann meine *physische Auferstehung*.

Viele AVATARE und MANTAVATARE haben diese physische Himmelfahrt schon vor mir gemeistert und viele von Euch werden folgen.

Jede Seele hat einen individuellen Fahrplan und gelangt in einer der Zyklen zur Vollendung.

POLARITÄT

Alpha	Omega
Geist	Materie
Licht	Schatten
Integral	Extogral
Implosion	Explosion
Zulassen	Glaube/Hoffnung
Annehmen	Ablehnung
Akzeptieren	Verdrängen
Loslassen	Festhalten
Tod	Leben
Negativ	Positiv
Männlich	Weiblich

„S E I N"

Nach meinem *Aufstieg* und meinem *Abstieg* waren der *innere* und der *äußere* Kosmos wieder eins.

Die innere Stimme war der von mir abgespaltene Teil meines „Höheren Selbstes".

Jetzt gibt es nur noch das

„ICH BIN"

DANKSAGUNG

Der Herausgeber dankt allen Freunden, Künstlern und Mitarbeitern, die dazu beigetragen haben, daß dieses Buch entstehen konnte.

An alle esoterischen Freunde
Wenn Sie uns helfen wollen, daß die Botschaft ELIAS so schnell wie möglich auf der ganzen Welt verbreitet wird, würden wir uns freuen, wenn Sie uns mit einer Spende unterstützen.
Spendenkonto:
Burde Jürgen
Postbank München
Konto-Nr.: 189211801
BLZ: 700 100 80

Helfen können Sie uns auch, indem Sie das Buch und die 5-teilige Videoserie weiterempfehlen oder für Freunde bestellen oder verschenken.
Wenn Sie die Möglichkeit haben Prospekte zu verteilen oder beizulegen, können Sie bei uns für einen Förderungsbetrag von DM 29,- für 100 Faltprospekte (vierfabrig) anfordern.
Info durch: Sternentorverlag
          BRD Fax: 08642 1300

Falls Sie Fragen zu den in diesem Buch angesprochenen Themen haben (deren Umfang nicht 2 Arbeitsstunden übersteigen), können Sie diese gegen DM 200,- und einem Rückumschlag schriftlich an den Verlag richten, versehen mit dem Stichwort "Fragen an Elia".
Der Autor oder dessen Vertretung wird die Fragen auf 2 DIN A 4 Seiten beantworten. (nur seriöse Fragen bitte).

Glossar

Adept	-	Schüler, in eine Geheimlehre Eingeweihter
Agharta	-	Kontinent im Inneren der Erde
Aghartie	-	Die Bruderschaft im Inneren der Erde.
Antroposoph	-	Geheimlehre aus der die Bewegung Rudolf Steiners hervorging
Ashtarkommando	-	Befehlshaber außerirdischer Raumschiffe
autark	-	wirtschaftlich unabhängig
Bodhisaddvarasse	-	eine vollendete Gottmenschenrasse
denaturiert	-	seiner Natur beraubend
DNS	-	genetische Information
galaktische Konföderation	-	Planetenbund
Geomantie	-	das alte Wissen der Templer über Kraftplätze und Kraftlinien der Erde
Hermes Trimegistos	-	ägyptischer, eingeweihter Hohepriester

Hierarchie	-	Rangordnung (geistliche Gewalten)
Illuminaten	-	Angehörige verschiedener Geheimverbindungen
Imperialismus	-	Machterweiterungsdrang der Großmächte
Kataklysma	-	erdgeschichtliche Katastrophe - plötzliche Vernichtung
Konditionierung	-	Programmierung des menschlichen Bewußtseins
Kontext	-	Inhalt eines Schriftstückes
Konvergenz	-	Annäherung, Übereinstimmung
morphogenetisch	-	gestaltbildend
Mutation	-	Veränderung
Neophyt	-	eingeweihter Schüler der Meister
Orbit	-	Umlaufbahn
Paradigma	-	Beispiel Muster (Beugungsmuster)
Piktogramm	-	graphisches Symbol
Polarität	-	Vorhandensein zweier Pole

Präzipitation	-	geheime Wissenschaft, Gedanken per Telepathie in das Bewußtsein eines anderen Menschen per Schrift zu übertragen
Shambhala	-	Bruderschaft und Stadt im Inneren der Erde
Tachyonen	-	hypothetische Elementarteilchen, Überlichtgeschwindigkeit
Transmutation	-	eine aus dem Jenseits eingeleitete Veränderung im Erbgefüge

* * *

Dietrich Eckart	-	Journalist und persönlicher Lehrer Adolf Hitlers, der Hitler in die Thulegesellschaft eingeführt hat und den Führerkult propagiert hat
Iwanowitsch Gurdjew	-	spiritueller Guru und Erzieher des Dalai Lama in Tibet, Oberst des russischen Geheimdienstes KGB
Karl Haushofer	-	Geopolitologe im Dritten Reich, General im 1. Weltkrieg, Botschafter in Asien, Mitglied der Vrilgesellschaft

Himmler	-	SS-Führer, leitete den Geheimbund „Die Herren der schwarzen Sonne"
Lanz v. Liebenfels	-	ehemaliger „Zisternenmönch" in HeiligenKreuz/Wien, Gründer des Neutempler Ordens
Guido v. List	-	Schriftsteller in Wien um die Jahrhundertwende
Erich Ludendorff	-	Deutscher General im 1. Weltkrieg
Hermann Rausching	-	Verfasser des Buches „Gespräche mit Hitler"
Rudolf v. Sebottendorf	-	Herausgeber der Zeitschrift „Völkischer Beobachter", bevor die NSDAP sie übernommen hatte, Gründer der Thulegesellschaft, Koordinator für den Germanenorden
Rudolf Steiner	-	Gründer der Antroposophen
Karl Maria Willigut	-	Eingeweihter von „Runen-Magie" und Germanentum, altes adeliges Geschlecht mit vererbtem Geheimwissen

* * *

Neu   Neu   Neu   Neu   Neu   Neu   Neu

5-teilige Videoserie
Die Legende von Atlantis

Die Prophezeiungen von Elias zur Endzeit
Eine internationale Video-Dokumentation
Deutsch-Australische-U.S. Co-Produktion
Geschichte und Produktion im Auftrag des Propheten ELIA

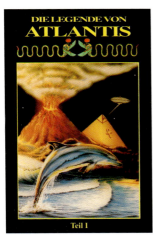

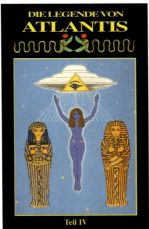

Part I

Die Götterdämmerung von Atlantis

Die Legende erzählt: Vor Tausenden von Jahren kamen die Götter von den Sternen zur Erde um eine Genesis einzuleiten. Die menschliche Zivilisation entstand und erreichte mit Atlantis einen Höhepunkt. Ein dunkles Zeitalter begann und der Götterkrieg von Atlantis führte zum Untergang. Eine geheime Bruderschaft brachte das Atlantische Geheimwissen vor dem Untergang nach Ägypten. Durch alle Zivilisationen hindurch führte die geheime Atlantische Bruderschaft unter Inspiration der Außerirdischen Wächter alle politischen Systeme mit einem Erziehungsauftrag.
Die spannende Dokumentation zeigt erstmals das geheime Wirken einer Bruderschaft in Beziehungen zu den unsichtbaren Meistern von Shambhala und Agharta und das Geheimnis der hohlen Erde.
Einmalige Realaufnahmen von der Insel Tasmanien.

Interview: Erich von Däniken
Professor Hurtak
Wladimir Tarzisky
Wendell Stevens
Howard und Conni Menger USA
UFO-Forschungsgruppe Polen

ca. 60 Minuten/DM 79,-   ISBN 3-931695-01-8

Part II

Die Geheime Bruderschaft von Atlantis

Nach der Katastrophe in Atlantis waren die Völker versprengt. Ein Teil des Geheimwissens der Atlantischen Bruderschaft überlebte in Ägypten, in Indien und in Tibet.
Die Erben dieser geheimen Bruderschaften führten die Menschheit im dunklen Zeitalter .... durch das atlantische Wissen, durch alle Geschichtsepochen.
In der Neuzeit entstanden daraus die Freimauerschaften und Templer und Illuminaten-Bruderschaften.
Nach dem ersten Weltkrieg entstanden in München und Wien der Neutemplerorden und die Thulegesellschaft. Neue okkulte Sekten die in der alten Freimauerschaften den "Satan" sahen.
Mit Hitler kamen diese okkulten Sekten an die Macht. Diese spannende Dokumentation zeigt erstmals die Hintergründe des dritten Reichs und dessen Gedankentum, welches zur Katastrophe des zweiten Weltkriegs ....

Interview: Wladimir Tarzisky
               Prof. Hurtak
               Virgil Armstrong
               Wendell Stevens etc.
               Dr. Wilfried Daim

ca. 84 Minunten/DM 79,-   ISBN 3-931695-02-6

Part III

Die Geheimen Prophezeiungen der Apokalypse

Das atlantische Geheimwissen erzählt uns die Legende der Menschheit und deren Seelen, die Zyklen durchlaufen müssen.
Mit dem Untergang von Atlantis war ein Zyklus einer Hochkultur abgeschlossen.
Alle Prophezeiungen und die jüngsten Erdveränderungen deuten daraufhin, daß die heutige Menschheit am Ende des nächsten Erfahrungszyklusses angekommen ist.
Bis zum Jahre 2011 sind die größten Erdveränderungen, Klimaverschiebungen, Erdbeben, sozialen und politischen Veränderungen prophezeit.
Diese spannende Dokumentation zeigt die Prophezeiungen von ELIA, dem wiedergekehrten Propheten und seine Botschaft zur Endzeit, der Wiederkunft Christus und der Raumbruderschaft.

Interview: Peter Ronefeld
               Erich von Däniken
               Dr. Snow
               Barbara Marseniak
               Omnec Onec etc.

ca. 84 Minuten/DM 79,-   ISBN 3-931695-03-4

Part IV

Die Rückkehr der Lichtmeister von Atlantis

Jahrtausende sind vergangen...... seit dem die Hochkultur von Atlantis durch den Machtmißbrauch von einigen korrupten Wissenschaftlern mit einer Katastrophe unterging.
Alle Menschen der damaligen Zeit, die den Abstieg ins dunkle Zeitalter miterlebt haben, werden heute wiedergeboren.
Die spannende Dokumentation zeigt die Rückkehr der Lichtkinder von Atlantis

und gibt einen tiefen Einblick in die Rolle der Lichtarbeiter und Bruderschaften von Atlantis.
Sie zeigt, warum diese Seelen gerade heute wiedergeboren werden und als Umweltschützer, Therapeuten, Künstler, Esoteriker und vieles mehr für eine Heilung der Erde eintreten.
Es werden die Geschehnisse der Raumbruderschaft - 11:11, die hohle Erde, Shambhala und Agharta angesprochen.

Interview: Solara
             Barbara Marseniak
             Jasmuheen
             Wladimir Tarzisky
             Professor Hurtak

ca. 60 Minuten/DM 79,-   ISBN 3-931695-04-2

Part V

Die Schlacht des Armageddon
(Die Wahrheitsfindung)

Für Jahrtausende waren die Schöpfungsgeheimnisse nur einer verborgenen Elite der Geheimgesellschaften vorbehalten.
Jetzt sind wir in die sogenannte Endzeit gegangen, wo diese Geheimgesellschaften wie die Freimaurer und die geheimen politischen Logen ihre Macht verlieren.
In dieser spannenden Videodokumentation wird das alte atlantische Geheimwissen über die Hohlwelt und deren außeriridischen Zivilisation offenbart. Das Geheimnis der Pyramiden, der Sphinx, weltweiter unterirdischer Tunnelsysteme, die Absetzbewegung der Nazis zum Südpol unter Führung der Außerirdischen, die Expedition Admiral Byrds zum Südpol und vieles mehr geben dem Zusachauer einen Überblick über die letzten Geheimnisse der Vergangenheit und deren Zusammenhänge mit den Außerirdischen.

Interview: Prof. Hurtak
             Virgil Armstrong
             Wendell Stevens
             Siolara
             Ernie Sandhas
             Vladimir Tarziskiy etc.

ca. 74 Minuten/DM 79,-   ISBN 3-931695-03-4

Paketpreis f. 5 Videos   DM 349,-

UFO -
das Schlüsselgeheimnis dieses Jahrhunderts
Die weltweit bestverkaufte Videoserie zu diesem Thema

UFO - Von der Legende zur Wirklichkeit (Teil I)

Eine Videodokumentation mit sensationellen Aufnahmen. Gibt es Leben im Universum? Waren die Götter Astronauten? Welche Anzeichen deuten darauf hin, daß es UFOs durch alle Geschichtsepochen hinweg gab? Wissenschaftler berichten über neueste Forschungsergebnisse usw. Pyramiden und Sphinx auf dem Mars? Sensationelle UFO Aufnahmen.
ca. 85 Minuten **DM 39,—**   ISBN 3-931695-05-0

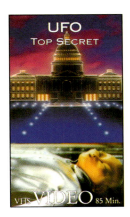

UFO - Top Secret (Teil II)

Eine Beweisdokumentation auf Video über die strengste Geheimhaltung dieses Jahrhundert.
UFOs im Atom-Zeitalter - 1948: Das UFO-Projekt der US Air-Force - 1953: Die CIA und die Politik der Geheimhaltung - Ein Erziehungsprogramm - Aus strengster Geheimhaltung.
Unglaubliche Enthüllungen - UFOs auf dem Radarschirm - Magnetabweichungen- Berichte von sowjetischen Luftwaffenpiloten - Zivile Air-Lines-Piloten sahen UFOs- Die Begegnung eines engl. Polizisten mit einem Außerirdischen während einer Patrouille - Offizielle Aufnahmen von der brasilianischen Navy - Das UFO-Absturz-Syndrom- Angehörige des US-Air-Force bergen eine abgestürzte fremde Scheibe. Die ersten Fotos eines toten Außerirdischen - Projekt "Majestic 12"
ca. 85 Minuten **DM 39,—**   ISBN 3-931695-06-9

UFO - Der Kontakt die Chance für die Menschheit (Teil III)

Eine Videodokumentation mit esoterischem Hintergrund, in der Metaphysik, Religion und Wissenschaft transformiert werden. Die Vorbereitung auf etwas Unvorstellbares.
7. Mai 1989. Die südafrikanische Luftwaffe entdeckt ein abgestürztes fremdes Flugobjekt. Wurden zwei lebende ET´s geborgen? UFOs: Was beabsichtigen Sie? Ein Kontakt-Fall, haben die Menschheit und die Fremden eine gemeinsame Herkunft? Die ersten Schritte zu offener Kommunikation?
UFOs - Morgen Teil unserer täglichen Realität?
ca. 85 Minuten **DM 39,—**   ISBN 3-931695-07-7

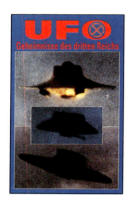

UFO - Geheimnisse des dritten Reichs (Teil IV)

Können wir einen außerirdischen Kontakt zu dieser Zeit ausschließen? Eines der letzten großen Geheimnisse unseres Jahrhunderts stellt die okkulte Vergangenheit des Dritten Reichs und ihre Geheimgesellschaften Templer, Thule, Vril und die "Herren der schwarzen Sonne - SS" dar. Eine aus okkultem Geheimwissen hervorgegangene ganzheitliche Technik, mit Antischwerkraft betriebene Rundflugzeuge (UFO) mit dem Codenamen Vril und Haunebu (V7), ist unter dem Decknamen der milit. Verschwiegenheit der alliierten Siegermächte nie der Öffentlichkeit zugänglich gemach worden. Die okkulten Geheimgesellschaften des Dritten Reichs waren die besten Altorientalisten der damaligen Welt und wußten von der Existenz außerird. Technik, die im alten Sumerien von den Göttern, "die vom Himmel herniedergefahren sind", auf die Erde gebracht wurde. Eine spannende Dokumentation mit unglaublichen Geschichten, Zeitzeugnissen, Dokumenten, Originalaufnahmen aus dem Dritten Reich! Wissenschaftler und ein CIA-Mann packen aus!
ca. 60 Minuten **DM 39,—**   ISBN 3-931695-08-5

Interview-Partner:	Virgil Armstrong ex CIA Member
	Hans Petersen, ex Dänish Air Force
	Wendelle C. Stevens, ex US Air Force
	Erich von Däniken, Buchautor
	Johannes von Buttlar, Buchautor
	Prof. Rupert Sheldrake, Cambrigde Univ.
	Anthony Dodd, Sergeant GB Police
	Chris Griscom, Buchautorin

Sie können diese Serie auch als Quartett für DM 150,— bestellen.

BUCH-NEUERSCHEINUNG!!!

Geboren im Licht
Autor: Lumena Brigitta

Lumena Brigitta berichtet erstmals über ihre spirituellen Erlebnisse mit außerirdischen und geistigen Wesen, welche sie in diesem Buch für jeden Leser als Erfahrung zugänglich macht. Durch die Erlebnisberichte bekommt der Leser eine tiefe geistige Einweihung. Lumena berichtet von Lichtarbeit und deren Zusammenhänge für die Erdveränderungen in den kommenden Jahren. Die Geschichte Lumenas hilft jedem spirituellen Menschen in seiner Auferstehungsphase im Licht neu geboren zu werden.

240 Seiten. **DM 34,—**   ISBN 3-931695-10-7

Bestelladresse:
Sternenforverlag
Postfach 43
A-6345 Kössen
BRD Fax: 08642 1300

Bestellen Sie telefonisch oder schriftlich. Porto- und Verpackungskosten werden extra berechnet.